Camille va aux anniversaires

L'autrice a bénéficié, pour l'écriture de ce livre, d'une bourse du Centre national du livre.

Les Avrils
Groupe Delcourt
8, rue Léon-Jouhaux
75010 Paris
lesavrils@editions-delcourt.fr

www.lesavrils.fr

Camille va aux anniversaires

Isabelle Boissard

Les Avrils

À ceux que je remercie.

Je n'ai jamais rien vu dans la nature
qui ressemble à un téléphone. Les nuages, les fleurs,
les rochers, rien de tout ça ne ressemble à un téléphone.

Richard Brautigan,
Cahier d'un retour de Troie

J'en ai rêvé.
Je retourne en France à l'âge de Mrs Dalloway.

Dimanche 18 avril
Journée internationale des monuments et des sites

– À l'heure du consentement, est-ce bien raisonnable de prendre quelqu'un par surprise en lui organisant son anniversaire ?

Il m'a répondu qu'elle en rêvait. Elle lui en avait organisé un, ça devait forcément dire qu'elle en voulait un elle aussi, d'anniversaire surprise.

Christophe est mon meilleur ami, comme un frère. On a déjà dormi ensemble et rien, nada, aucune attraction entre nous. Je ne rêve pas qu'il me caresse les tétons de son haleine chaude, il ne fantasme pas sur mes seins pomme reinette. Lorsque nous étions adolescents, nous y avons bien pensé, mais en décalage, ce qui fait que rien ne s'est passé et ensuite, nous étions d'accord pour convenir que nous étions trop amis pour devenir amants. Il connaissait mes défauts et moi les siens, quelque chose du genre. L'amour ne pouvait plus rendre aveugle, nous avions vu. Parfois, la vie est bien faite.

Nous nous affublons encore aujourd'hui de petits noms ridicules. Christ. Christo. Caminette. Caca. Christophe est passé pour un homo, à traîner comme ça avec une fille, sans coucher avec ou raconter qu'il couchait avec. Puis il est sorti avec Cécile Bératon. La belle Cécile Bératon dont tout le monde était amoureux. Elle ressemblait à Corynne Charby, la chanteuse de « Boule de flipper ». Au point que parfois des jeunes lui demandaient si c'était elle. Il y avait peu de chance vu qu'on habitait Tournis-la-Lose. En même temps, Corynne Charby, elle était bien née quelque part et si ça se trouve dans un bled encore pire que Tournis-la-Lose. On doit admettre qu'on avait le train et l'autoroute. J'ai toujours entendu mes parents dire que ça n'était pas rien.

J'avais pensé à une blague lorsqu'il m'avait appelée pour me demander de l'aide.

– Moi ? Organiser l'anniversaire surprise de Bianca ?

– Je n'ai pas le choix, je dois partir au plus vite. Si je demande à l'une de ses amies, je vexe les autres, et puis elles sont toutes débordées. Toi tu as du temps à revendre, tu la connais, tu connais ses goûts, tu connais leur monde, et je sais que tu vas faire un truc génial. C'est intime, une vingtaine de personnes. Une semaine en Bretagne pour valider traiteur, hôtels, etc. Le père de Bianca t'aidera. S'il-te-plaît ma Camille, dis oui !

J'avais demandé pourquoi son père ne s'en occupait pas lui-même. Christophe ne voulait pas lui en laisser seul la charge à son âge. Depuis mon canapé lové sous les toits de Copenhague, j'étais mitigée. Mais Christophe avait le talent de persuasion. Nous étions convenus que je commencerais par une première semaine à Paris pour moi. Ensuite la Bretagne pour remplir ma mission.

– Treize jours, Camille.

J'avais souri. J'ai toujours aimé le chiffre 13, seulement divisible par un et par lui-même.

*

– Départ ?

– Demain.

– Retour ?

– Dans deux semaines au plus tard.

– Décalage horaire ?

– Huit heures.

– *Fuck.*

– Tu ne fais plus de phrases ?

– C'est quoi ?

– Une truie.

*

Christophe est un super-héros. Chirurgien vétérinaire, il parcourt le monde pour sauver des animaux de laboratoire, objets d'études de recherche biomédicale qui durent plusieurs années. Si l'animal meurt, ce sont des millions de pertes pour le labo. Christophe, cette fois-ci, part en Australie opérer une truie.

Le porc, cet animal modèle pour l'Homme.

Christophe m'avait un jour expliqué que la souris est idéale pour étudier la réponse immunitaire, moins chère parce que de petite taille et plus facile à élever. Mais leur physiologie n'est pas identique à la nôtre. Le graal, ce sont les « primates non humains », c'est-à-dire les singes. Mais l'éthique est passée par là et l'expérimentation sur les grands singes humanoïdes est interdite en France depuis dix ans. Par ailleurs, travailler avec des animaux quels qu'ils soient n'est jamais anodin. Les essais sur les primates sont particulièrement « éprouvants pour les expérimentateurs ». L'avantage, avec le porc, c'est qu'il possède des caractéristiques anatomiques et génétiques proches des nôtres. C'est sur le porc qu'on a d'abord testé l'implant du pacemaker. Sans les porcs de laboratoire, on n'aurait jamais mis au point les stents. Christophe avait les yeux qui brillaient quand il pensait au jour où l'on pratiquerait des xénogreffes, le porc comme donneur d'organes au receveur humain. Ensuite, il s'emballait avec les mots rétrovirus, génome, CRISPR-Cas9, ADN et *PERV* (virus endogène porcin). Ça ne s'inventait pas, « porc » et « perv »...

*

Nous évoluons lentement depuis l'aéroport au gré des bouchons de l'A1. J'aime être en voiture avec Christophe. Dans sa nouvelle Volvo XC90 « argent aurore métallisé », on ressemble à un couple qui s'entendrait bien. Jeunes, on avait connu la Citroën Visa GT héritée de son grand-père. Lorsqu'il avait fallu la vendre parce que devenue trop chère en réparations, on s'était amusés à lui trouver des arguments commerciaux: « Dans cet espace gris, néanmoins sécurisé, vous bénéficiez d'un essuie-glace monobranche venant étoffer la gamme par le haut. Voyez un peu l'encadrement noir mat de la lunette arrière assorti à ses poignées de portes. Et l'embouti du hayon arrière, on en parle? Sa forme d'endive originale vous la rendra attachante. » *À la Visa GT* était devenu une expression de nous seuls connue. Ça voulait dire: vendre du rêve avec des arguments fallacieux.

Qu'est-ce qu'on dirait de sa voiture maintenant? Rien. Le beau n'est pas drôle. Le succès n'est pas drôle. L'argent n'est pas drôle.

– Tu n'as pas de saint Christophe, même caché dans la boîte à gants?

Un jour, Christophe m'avait tendu un petit paquet emballé dans un papier cadeau assez moche. À l'intérieur se trouvait une médaille. « Saint Christophe protège ceux qui entreprennent un voyage long et difficile », avait-il prêché de sa voix rassurante. Je partais pour une nouvelle destination qui nécessitait de prendre l'avion. J'avais pensé le porter en pendentif, parce que la vie comme voyage long et difficile, ça se posait là. Mais le médaillon était trop gros.

– Je l'ai toujours dans mon sac à main.

– Tu as vu, ça marche?

– Pour l'avion, oui. Dis, tu aurais un ostéo à me conseiller? J'ai mal aux cervicales.

Tout en lui parlant, je sors de mon sac deux boîtes de Lakrids Skippers. J'en ouvre une et lui tends la friandise de réglisse salée en forme de petite pipe. Christophe et Sophie sont les seuls amis à qui je rapporte la spécialité nordique aux sels d'ammonium que je trouve pour ma part infâme et dont ils raffolent. En mordillant le bonbon comme un enfant, il promet de m'envoyer un contact.

– Moi aussi j'ai un cadeau pour toi. Écoute !

Christophe, comme s'il s'adressait à Dieu, demande la chanson « La Mer » de Julio Iglesias. Il précise « très fort ». Je suis conquise, hilare, béate de cette version démente. « La Mer » de Trenet, c'était notre chanson quand on allait fumer des clopes et boire des bières près de l'étang de la « mare aux crapauds » comme on l'appelait. On braillait dans la voiture « Voyez près des étangs / Ces grands roseaux mouillés / Voyez, ces oiseaux blancs, / Et ces maisons rouillées ».

– Merci pour la surprise. J'adore quand il dit les « sansons d'amour ».

*

Le reste du trajet, je me tourne de trois quarts sur le fauteuil en cuir de la Volvo, m'étonnant que la fonctionnalité « discuter avec son ami qui conduit » n'existe pas. On peut avancer, reculer, orienter le dossier, s'y chauffer les fesses, se faire masser les reins, mais on ne peut pas orienter le siège de 90 degrés comme dans le camping-car Barbie. Nous remettons la chanson deux fois de suite et puis Christophe veut parler sérieusement. Il a fait le plus gros ; établir la liste des amis à convier et lancer les invitations. Il m'enverra tout par mail dès ce soir. Je ne demande pas ce qu'il reste à faire, aucune envie de me confronter à la réalité de cette mission pour laquelle je n'ai aucun enthousiasme. Mais il faut admettre qu'il a bien fait les choses. Mon billet d'avion, l'hôtel à Paris, l'hôtel en Bretagne et puis l'argument *à la Visa GT*: quitter Copenhague, ça va te changer les idées.

*

Donc si j'ai un problème, tu ne pourras m'aider à le résoudre que la nuit ou inversement.

– Il n'y aura pas de problème. En tous les cas, je ne vois rien qui nécessite une réactivité à la minute. Au pire, tu auras André.

– André?

– Le père de Bianca.

– Ok. Et tu as imaginé que je foire le truc?

– Comme?

– Je vous prends un DJ naze, des hôtels miteux ou des hôtels grandioses, mais je me trompe dans les dates de réservation, la pièce montée est…

– Stop, pas de pièce montée, ce n'est pas un mariage. Pas de DJ non plus.

– Le gâteau est à la mangue, Bianca est super déçue, le…

– Tu vois, tu sais que Bianca déteste la mangue, tu es la bonne personne pour organiser cet anniversaire surprise. Je sais que tu la suis sur les réseaux, tu la *stalkes* même.

Il ne dit pas que, me connaissant, je dois bien dauber sur elle avec ma jalousie à la con.

– Te connaissant, tu dois bien dauber sur elle. T'es jalouse de ma femme absolument parfaite.

Un grand sourire illumine son visage.

– Ce n'est pas ta femme, c'est ta compagne. C'est parce qu'elle est parfaite que je daube.

– Je sais.

– Mais si tu devais dire un truc négatif sur elle, tu dirais quoi ?

*

Et nous arrivons devant un hôtel vers le jardin du Luxembourg. Un petit hôtel dans une petite rue discrète. Je n'en attendais pas moins de lui. Christophe a des goûts de luxe. Il refuse de regarder à la dépense depuis qu'il a de l'argent. L'argent est fait pour circuler. Il donne ses pulls en cachemire 36 fils à sa femme de ménage dès qu'il s'en lasse. Il n'entretient aucune affection pour les fringues. Il se moque de mes pulls peluchés, voire troués. Nous partageons les mêmes souvenirs adolescents à rêver aux marques que la publicité nous rendait désirables. Nous partageons le même milieu social aux fins de mois étriquées. Je n'ai pas son pouvoir d'achat, mais je n'arrive pas à me déprendre de la dimension soucieuse propre à mon éducation.

Il m'accompagne à la réception, regarde sa montre et grimace : il est désolé, il va devoir filer. Il redit qu'il m'envoie tout ce soir, feuille de route, billets de train, le contact d'André, ceux des invités, etc. Avant de partir, il me demande mon téléphone. Je le lui tends pendant que la réceptionniste s'occupe des formalités. Puis Christophe me le rend et m'annonce qu'il y a enregistré sa carte bleue, que je sais noire. Je me rebelle, mais il affirme que ma mission est légitimement du *all inclusive*. Arrivée dans ma jolie chambre, je reçois un message avec les coordonnées d'un ostéopathe, finissant par des *Bisous ma Caca*. J'ai la chambre 13. J'ai treize jours.

Je me couche sur le lit pour deux personnes. Je ne sais pas composer avec les séparations ni avec le manque. Christophe retourné à sa vie, j'ai l'impression d'être un ballon de baudruche dégonflé. Il y a des amitiés d'hélium qui font flotter dans les airs. Mais je suis heureuse d'être à Paris, cette ville où j'imagine revenir m'installer. Je me sens une *absolute beginner* et fais mentalement la liste de ce que je veux ou dois y faire. La radio des poumons pour ma toux persistante, l'ostéopathe pour ma nuque douloureuse, voir Sophie pour le plaisir, dîner chez Oriane et Matthieu. Je me redresse et saisis le joli bloc-notes laissé sur la table de chevet. Je triche, je commence par avion, hôtel, que je peux d'ores et déjà biffer. J'inscris « lire le mail de Christophe ». Je note également l'invitation à dîner de ce soir. Plus très envie d'y aller. J'ajoute Sophie, ostéo, Nénette, radio et Pierrot. Nicorette. J'ajoute Antoine suivi d'un point d'interrogation.

*

J'avais l'intention de m'y rendre à pied, mais la pluie a contrarié mes plans. Je suis rentrée dans la rame de métro bondée en mode *main character*, comme dit ma fille. *Main character* fait référence au personnage principal d'un film ou d'une série. Si j'ai bien compris, cela veut dire que tu vis une situation précise en te prenant pour une *queen*. Je fais ma parisienne, une habituée des heures de pointe, une nana à qui on ne la fait pas. Et justement il y a une place libre dans le carré tout proche, je compte bien fendre la foule pour aller m'asseoir. Je m'exécute, je souris, lance des « pardon » sur mon chemin. Arrivée dans l'allée, je remarque un homme au charme immédiat assis dans le carré de droite. Nous avons un *eye-contact* avant qu'il ne baisse le nez sur son téléphone et moi, j'arrive enfin à la place visée, carré de gauche, à côté de la dame obèse. Je pose ce que je peux de fesse sur l'assise, c'est-à-dire une seule. La dame qui déborde largement sur *mon* siège me regarde de très haut, sourire narquois. Elle est aussi très grande. Elle semble me dire « Alors tu t'es pris pour la *main character* ? Tu vas faire quoi maintenant ? » J'ai l'impression que tous les passagers ont remarqué la scène et attendent ma réaction. Je fais mine de ne pas voir le problème. Au freinage qui précède l'arrêt à la station Raspail, je suis bien obligée de me tenir fermement pour rester en équilibre sur mon appui mono-fesse, je surcompense en appuyant de toutes mes forces sur mes jambes. Je fais semblant de lire. Je jette des coups d'œil au canon assis confortablement côté fenêtre. Il a toujours le nez rivé sur son écran. Je surveille également la station à laquelle je dois sortir. Je commence à avoir chaud. Il me reste 8 arrêts. À Denfert-Rochereau, deux personnes quittent le carré d'à côté, libérant les deux places en face du beau mec. Je n'ose pas me déplacer. Ce serait offensant pour ma voisine. Je relis pour la vingtième fois la phrase *Sous leurs yeux le décor entier se détraque* de la page 18 de mon livre. J'hésite à me lever. Je fouille dans mon sac. Nicorette. Après tout, je peux avoir envie d'être seule sur une banquette et d'avoir une vue fenêtre. Je me dis qu'à la prochaine station je le ferai dans un élan totalement naturel. Le métro s'arrête dans un bruit fracassant. Alors que je m'apprête à changer de place, le type se lève en regardant amusé le duo singulier que ma voisine et moi-même formons. Il racontera à sa femme ce soir la scène hilarante du pinscher nain et du bouvier bernois partageant la même banquette.

En sortant, le *background character* que j'incarne finalement trouve un fleuriste. « Flourish » affiche un manifeste qui dénonce l'agriculture mondialisée, les traitements chimiques et les transports réfrigérés. Leurs fleurs ne viennent ni de Hollande, ni du Kenya, ni d'Éthiopie, ni d'Équateur, ni de Colombie. Leurs fleurs ne sont pas produites dans des serres chauffées et éclairées jour et nuit. J'achète un petit bouquet de dahlias pompons français. Flourish fait payer le papier d'emballage : un geste de plus pour la planète. J'hésite en ne pensant pas du tout à la planète, mais à mon porte-monnaie. Je finis par renoncer au joli papier kraft. La belle des champs en tablier vert et sabots en cuir végétal fait valser ses nattes en me tendant les fleurs entourées d'une ficelle rugueuse. Je sors de chez

Flourish avec mon mini-bouquet à 35 boules et la pensée refoulée de m'être fait bananer.

*

Il y a des amis avec qui il faut à chaque fois briser la glace. Je regarde la bouche d'Oriane, toute petite, toute fine, pincée, comme un anus peint en rouge orangé. Deux canapés en miroir. Oriane et Matthieu assis côte à côte sur l'un et moi, seule en face, assise sur l'autre. Si j'avais eu au départ le sentiment de me retrouver dans la position d'une candidate devant un jury, je me figure maintenant en thérapeute de couple. Demander aimablement à Oriane de se taire afin d'écouter ce que la drôle de bagouse à l'annulaire de Matthieu voudrait nous dire. Nous cherchons la dernière fois qu'on s'est revus. C'était à la fête de Delphine et Nicolas. L'ordre des prénoms dans les couples m'a toujours amusée. On ne dit pas Nicolas et Delphine, mais Delphine et Nicolas, de même, on dit Oriane et Matthieu. Une histoire de voyelle, de hiatus, d'équilibre. Avec Oriane et Matthieu, nous étions expatriés ensemble. Nous avons des souvenirs en commun, des enfants du même âge. Ça m'apprendra à faire l'annonce de mon arrivée à Paris sur Instagram. Oriane s'est empressée de nous inviter. Elle a été déçue par mon « je » qui cassait la parité de son dîner.

Mon regard revient sur le nouvel accessoire de Matthieu : une bague de biker en argent qui vient déranger l'harmonie de sa tenue. Il est tentant de le charrier sur ce bijou incongru. Si ça se trouve, le rêve de Matthieu, c'est rocker, testicules à dos de Harley. Les canapés sont trop éloignés pour que je distingue si la bague représente une tête d'aigle ou bien de mort. Une nuit, j'avais rêvé de lui. Un rêve érotique qui m'avait laissée lascive une matinée entière, à reconstituer la scène afin de la maintenir réelle et ressentir encore et encore la chaleur dans le bas du ventre. Le rêve avait fini par s'évanouir pour ne laisser que la question dérangeante du pourquoi Matthieu. Il ne colle absolument pas à mes goûts. Je n'aime pas son côté apprêté, propre et beau comme un sou neuf. Expression positive dans la bouche de ma grand-mère, mais perfection sans charme pour moi. D'où mon étonnement à m'être retrouvée cul nu avec lui sur le plan de travail en marbre blanc d'une cuisine inconnue. Matthieu a des yeux doux et une bouche dégoûtée. Le regard d'un bébé labrador contrarié par une moue de bouledogue anglais. Quand il parle, il grimace et ses yeux se plissent. Je l'observe dans sa position vautrée à côté de son épouse figée, qui n'a aucun cheveux blancs.

Ses cheveux sont raides et fins, coupés au niveau des épaules et la raie au milieu. Elle balance les mèches de droite à gauche quand elle parle. Un tic qu'elle a gardé de son enfance. Oriane m'avait un jour confié qu'elle était née avec l'oreille gauche décollée. Sa mère l'avait habituée à cacher cette tare avec ses cheveux, en attendant l'otoplastie. Oriane a passé ses hivers d'enfance sous des cagoules de laine et ses étés sous des bobs fleuris. Sa mère se pinçait les lèvres sur la plage du Touquet à devoir assumer son Dumbolino, cheveux mouillés et oreille au vent. À l'âge de 7 ans, l'opération eut lieu. Elle fut vécue comme un soulagement. Aujourd'hui, Oriane a l'impression que son oreille gauche est plus grande que la droite. Elle a développé une obsession pour les oreilles. Elle trouve d'ailleurs que les miennes sont toutes petites et bien collées. Je n'avais jamais prêté attention à cet organe sensoriel, dont je tenais la présumée perfection pour acquise.

Oriane me donne des nouvelles des autres, « la bande du bon vieux temps ». Les femmes avaient initié les amitiés. Les hommes s'étaient bien accordés, autour du sport et du statut de cadre sup. La bande était née au début de cette première expatriation italienne dont nous gardions tous un très bon souvenir. Tout était facile pour les quarantenaires que nous étions, à bon pouvoir d'achat avec enfants brillants. Désormais cinquantenaires avec maison secondaire et grands enfants en études supérieures, les nouvelles sont bonnes. C'est encore un concours de kikis. Ceux qui ont eu une autre destination prestigieuse et ceux qui sont rentrés. Pour ces derniers, l'enjeu est de taille. Il ne faut pas que ça paraisse un retour la queue entre les jambes ni une punition. Les femmes sont occupées à se trouver une formation de coach et les maris à se refaire une place au siège de la boîte. On aime à dire que c'est une nouvelle expatriation. Oriane me demande si nous sommes invités à la fête des Chavanne. Elle ne me laisse pas répondre et enchaîne.

– C'est toujours compliqué avec leur fille. Ils ont d'ailleurs créé une association pour le droit à la scolarité des enfants trisomiques. Quel courage ! Plus ils grandissent, plus c'est difficile ! Tiens, tu l'as vu le film sur de Gaulle ? Tu savais toi qu'il avait eu une fille trisomique ? Nous, ça a toujours été très clair avec Matthieu. Trisomie, c'était l'avortement. C'est mignon au début et puis tu l'aimes évidemment. C'est la chair de ta chair. C'est animal. Et puis tu passes ta vie à t'en occuper. Tu luttes pour qu'il ait le droit d'aller à l'école, tu luttes pour sa place dans la société, qui ne fait rien pour les porteurs de handicaps – puisqu'il ne faut plus dire handicapés. D'ailleurs, viendra un jour où on ne pourra plus dire « connard », mais « porteur de connerie ». Bref, c'est bien gentil les valeurs humaines, mais la société est en retard. Marguerite est un poids qui pèse beaucoup d'amour et surtout beaucoup d'emmerdes. Parce que c'est quand même Blanche qui se sacrifie. À chaque fois que je les vois, je me dis mon Dieu, quelle chance on a d'avoir des enfants normaux ! On est tristes de les voir partir mais, finalement, c'est terrible aussi quand ils ne partent pas. Enfin bon, que veux-tu.

Je ne veux rien. Qu'elle se taise. Oriane ne semble pas se rendre compte des horreurs qu'elle égrène. Elle a toujours été comme ça, faut juste que je me réhabitue. Ça sonne à la porte. Pierre et Barbara (dans cet ordre de nomination) entrent dans le salon, une bouteille de champagne à la main pour l'un et un bouquet de fleurs énorme majestueusement emballé pour l'autre. Matthieu prend la bouteille et Oriane le bouquet. Mes dahlias pompons sont ridicules à côté. J'ai envie de justifier que les miennes sont écoresponsables, qu'elles respectent les fleuristes et les ouvriers agricoles, qu'elles viennent de chez Flourish, que je les ai payées 35 balles quand même.

– C'est à la bonne franquette hein ! annonce Oriane qui a dressé une table de banquet.

Elle s'assied à côté de Christophe et repasse les plis formés sur sa robe bleue trois-trous. Oriane s'achète toujours la même robe, la fameuse trois-trous : un pour le col et deux pour les bras. Le col rond et des pinces à la taille. On se dit qu'on n'a pas changé. Les concernant, ce n'est pas faux. Pierre et Barbara sont toujours aussi beaux. Puis on fait un état des lieux : les enfants, leurs études, on est tellement fiers, on l'a écrit sur les réseaux sociaux, les possessions, les maisons de vacances, les promotions professionnelles, les loisirs, les anecdotes, les mensonges par omission, les petits arrangements pour minimiser les moins.

La conversation arrive sur la culture. Pierre et Barbara habitent le 8e arrondissement et racontent le tintouin qu'on a fait autour de l'emballage de l'Arc de triomphe. Cette histoire d'emballage, est-ce que c'est de l'art ? Emballer. S'emballer. Je m'imagine emballer mon mari. Lui emballer le ventre. Lui emballer la bouche. On peut tout emballer. Pour cacher ou pour le plaisir de redécouvrir.

– C'était autofinancé. Et c'était gratuit, dit Matthieu qui semble vouloir défendre l'œuvre.

Pierre prend un air pénétré. Je me demande si s'interroger sur l'art n'est pas le début de la posture intellectuelle.

– On est allés chez Anne, han, tu verrais la saleté du quartier. Hidalgo, elle s'en tape des quartiers de bougnoules.

Les bougnoules de Barbès, c'est politiquement incorrect, mais c'est une belle allitération en b.

Matthieu demande si elle a acheté.

Je ne connais pas Anne, mais je comprends qu'elle a divorcé et que c'est compliqué.

– Ben non, d'ici à ce que le divorce soit prononcé, elle a le temps de coucher sous les ponts, répond Pierre.

Tiens, Christo avait aussi emballé le Pont-Neuf.

Qu'est-ce qui fait qu'Oriane est une amie ? Oriane me rassure. Oriane ne baisse jamais les bras. Oriane m'aime mais Oriane me connaît-elle vraiment ? Oriane veut-elle mon bien ? Ou veut-elle m'expliquer ce qui serait bon pour moi ?

Le dessert vient de la meilleure pâtisserie du quartier. Il a été emballé lui aussi dans une boîte en carton, puis dans un papier à l'effigie du pâtissier. Tout le monde fait du Christo. Oriane lance des regards sévères à Matthieu qui a oublié son texte. Elle a apporté le dessert et lui oublie de proposer un café. C'est toujours la même chose. Il se repose sur ses lauriers, c'est-à-dire sur elle. Il s'en fout que les choses ne soient pas parfaites. Il ne joue pas un rôle. Il n'a pas de partition.

– Matthieu, je te laisse faire les cafés pour ceux qui aimeraient accompagner leur dessert ?

Elle a tenté la décontraction, mais son rictus vient au bord des lèvres sans qu'elle n'y puisse rien. Je propose de m'en occuper. Matthieu s'en fout mais Oriane est contrariée. La dînette, ça n'est pas avec moi qu'elle veut y jouer. Me proposer, c'est signifier que je comprends qu'elle supplée aux tâches de son mari. Me proposer, c'était voir que Matthieu n'est pas le mari parfait aux yeux de tous.

– Matthieu va peut-être se lever pour préparer des cafés. Je crois qu'il en est capable, merci Camille.

D'un lance-pierres, elle envoie deux projectiles. Je me sens comme une enfant qu'on remet à sa place. Et personne ne veut de café.

Barbara profite du moment gênant pour annoncer son exposition à venir. Tout le monde se réjouit de la bonne nouvelle. Où ce sera, quand, quelle merveille! En expatriation, tout le monde trouvait moche ce que Barbara faisait. Tout le monde avait le plus petit de ses tableaux dans un coin du salon. Et Barbara vend cher. Parce que Barbara est une artiste qui a fait un coaching ambitieux. On lui a répété qu'elle avait sa place, qu'elle était légitime, qu'il était primordial qu'elle récolte tout le succès qu'elle méritait.

– Je vais proposer une de mes toiles pour le cadeau d'anniversaire des Chavanne.

Silence, raclements de gorge, échanges de regards.

Oriane dégaine la première.

– Alors, juste je crois qu'ils ne veulent pas de cadeau, mais faire une cagnotte pour « Je suis Marguerite, je suis trisomique ».

Je ferais bien une cagnotte pour mon hypothétique déménagement à Paris. On fait une cagnotte pour tout aujourd'hui. Le *crowdfunding* est devenu monnaie courante. Le nouveau visage du chantage affectif. Certains offrent des contreparties. Mais d'autres ne s'emmerdent même plus avec ça et demandent juste un financement au nom du projet seul.

Matthieu qui, décidément, ne comprend jamais rien, enchaîne.

– Non, mais ce serait quand même bien de leur offrir un cadeau qui reste !

Je me lève pour débarrasser les assiettes avec les oiseaux au centre, des espèces de perroquets au gros bec acéré.

– Laisse Camille, Matthieu va s'en charger.

Matthieu se lève et me décoche un sourire complice que je prends comme un témoin dans une course de relais.

– D'ailleurs, j'ai fait un groupe WhatsApp pour leur soirée juste avant de venir.

– C'est même pour ça qu'on est en retard, précise Pierre.

– Ah je n'ai pas vu, souffre Oriane qui vient de se faire voler son rôle préféré. Oriane agonise d'avoir tardé à prendre l'initiative.

L'amitié, sous l'emballage, il y a la jalousie.

*

Béatrice veut organiser une chorégraphie. Gilles surenchérit avec une chanson. Si tu joues pas le jeu, t'es rabat-joie. On se cogne tous les messages. Ceux qui se veulent drôles. Chaque réaction, émoji bonhomme qui rit, bonhomme qui s'esclaffe. Ding ding ding. On finit par mettre le groupe en silencieux. On ne peut pas en sortir. L'annonce serait faite à toute la petite communauté. *X a quitté le groupe*. Puis vient le moment de la cagnotte. On donne combien ? Ceux qui organisent vont savoir si on est mesquin ou généreux. Cinquante ? C'est trop ? Ce n'est pas assez ? On se dit qu'il faut en plus apporter une bouteille et un plat. Ah oui, le doodle.

*

De retour dans ma chambre d'hôtel, je regarde le mail de Christophe et celui de Darty qui me souhaite un joyeux anniversaire et m'offre les frais de port pour l'occasion. Je donne à chaque fois une date de naissance bidon.

L'imprudent Christophe a fait un fichier Excel partagé. Ma hantise. J'ai toujours peur d'effacer des données. Je passe en revue les onglets. La liste des invités, leurs mails, ceux qui ont déjà répondu, ceux qui doivent confirmer, les artisans à contacter, le téléphone d'André avec la mention, *à appeler, ne répond pas aux SMS* et un onglet vide : idées cadeaux. Appeler le père de Bianca, première angoisse. Plus je vieillis, moins j'aime le téléphone. Mes filles font des audios. Au début, ça me choquait et puis j'en ai identifié les avantages. C'est une conversation sans risque d'être interrompue. Ça va plus vite qu'écrire un message. Parfois elles les écoutent en accéléré. Elles choisissent quand les écouter. Laisser des audios ne prend pas en otage le destinataire. Appeler le père de Bianca représente l'ascension du Kilimandjaro ni plus ni moins. Je l'ai vu en photo sur l'Insta de sa fille, un senior tout droit sorti d'une publicité pour une mutuelle ou une croisière organisée par *Psychologies magazine*. Je ne sais pas où est le Kilimandjaro. Je reprends le bloc-notes de l'hôtel et j'y ajoute « appeler André ». Nicorette. Demain commence ma mission.

Lundi 19 avril

Journée de l'étendage du linge aux États-Unis d'Amérique

Ce matin, je me suis levée en compagnie du passage fracassant des poubelles. J'avais oublié le bruit de Paris. Je me suis fait un café avec la Nespresso à disposition. En sirotant mon Livanto brûlant, j'annonce haut et fort que je cocherai une action par jour pour ce foutu anniversaire. Le lundi, comme le premier jour de l'année, le jour de la rentrée, le premier jour des vacances, on prend des mesures, on décide de changer quelque chose, de faire du sport, de lire plus, de moins être sur les écrans, etc. J'envoie un message à l'ostéo qui me répond illico *Ce soir 19 heures.* Puis me vient l'idée brillante de créer un compte Instagram pour l'anniversaire. Mon idée, motivée par la facilité, est d'avoir un canal unique de communication pour demander aux amis d'envoyer leurs photos souvenirs de Bianca-la-fêtée. De formidables sites proposent de sucer les photos de notre flux pour en faire un livre. Je suis particulièrement fière de moi. Je commence par chercher un nom. *Bianca 50. Année jubilaire. L'anniv de Bianca. Save the date. Bianca birthday.*

J'aime bien *Bianca bday*. Mais en prononciation anglaise, ça fait Bianca bidet. *Le livre de Bianca*, ça fait livre de la jungle. Mon enthousiasme s'émousse. Bianca tout court est déjà pris. *Bianca party* ? *Bianca Book*, ça fait Bianca Bouc… *Pour Bianca* fait *crowdfunding* ; comme s'il fallait lui venir en aide. *Bianca Surprise*, allez va pour Bianca Surprise ! Il me faut une photo de profil. Je n'en ai aucune d'elle. Je pars à la recherche d'une image pour illustrer le compte (et le conte). Je trouve un magnifique gâteau à plusieurs étages avec une bougie en forme de chiffre 50. Parfait. J'ajoute en description la date de la fête. Enfin, je reprends la *mailing list* de Christophe et je balance l'invitation à s'abonner au compte *Bianca Surprise*. J'explique l'histoire du livre à éditer. Un peu plus et j'écrirais presque que je me réjouis. Allez, envoi, « une bonne chose de faite » comme disait Barbapapa. Après maintes hésitations, je jette mes bas de contention dans la poubelle et je fais un Sudoku.

*

Ma vie en bas de contention.

*

Suis partie retrouver Sophie pour déjeuner. Paris me semble une fête avec ses terrasses fleuries et colorées. En passant devant Le Select, j'aperçois Julie Gayet, la belle Julie Gayet attablée avec deux autres femmes. J'adore voir des gens connus à Paris. C'est mon côté provincial. Julie Gayet, on lui donnerait 40 ans. Elle a de très beaux cheveux blonds, d'un très beau blond. Elle fume une fine cigarette. Le genre de clopes qui ne donne pas le cancer. Pendant que je suce une Nicorette, elle souffle des nuages tout doux, qui sentent le jasmin. En ce moment, on l'entend dire qu'on ne voit pas d'actrices de son âge au cinéma. Je la trouve mal placée pour défendre cette cause-là. Je préférerais avoir l'avis des vilaines, des disgracieuses, des moches. Elles pourraient tenir tribune, même jeunes, pour dénoncer la beauté comme critère d'attribution des rôles. À ce propos, je me suis souvent demandé ce que ça faisait de passer des castings pour un rôle décrit comme « fille grosse », « fille moche », « physique ingrat ». Dit-on « atypique » comme pour les appartements qu'on veut louer avec de très gros défauts ? Dénoncer le jeunisme quand on fait des injections. Dénoncer le jeunisme quand on se teint les cheveux. Le problème, c'est qu'on en est toutes là. On veut plaire et on veut se plaire. Depuis quelque temps, je ne me regarde plus dans le miroir. Alors quand je vois la sublime Julie Gayet, je me demande bien quel est son problème dans la vie, à part la partager avec François Hollande ? La grandeur est élégante. Les femmes grandes me font fantasmer. La mode est faite pour elles. Quand les magazines féminins nous ont fait croire qu'ils changeaient leurs canons de beauté – la maigreur –, ils ont pris des femmes mannequins tout aussi grandes, avec des fesses et des seins. Mais la taille mannequin est restée la taille Barbie.

*

Sophie m'a prévenue de son retard. En attendant, j'ouvre Instagram. Tout le monde s'est abonné au compte *Bianca Surprise*, mais encore aucun partage de photos. Le temps de m'abonner en retour à ceux qui « me » suivent, Sophie arrive, essoufflée. Elle lance qu'elle est très énervée. Du coup, pour se calmer, elle a fait la poussière avant de partir. Elle est drôle cette expression « faire la poussière ». On enlève la poussière et on dit qu'on la fait. Si à chaque fois que l'on voulait signifier enlever, on disait faire, on ne comprendrait plus rien. Faire l'amour serait enlever l'amour. J'en fais part à Sophie, mais nous ne trouvons pas d'autres exemples. Sophie est un lagon, aucune glace à briser. Ma Sophie, c'est Bora-Bora, Moorea, Kho Phi Phi et Comino. Je lui tends une grosse boîte de Lakrids by Bülow au caramel salé et réglisse douce ; ses préférés. Nous nous racontons de biais de travers de face et de guingois. Je confie à Sophie que je fais un blocage concernant la radio des poumons que m'a prescrite Thierry à la suite d'une toux qui ne passe pas. Je ne parviens pas à prendre rendez-vous. Thierry est un amour d'ami médecin, d'une patience infinie. Elle propose de commencer par chercher un centre de radiologie, en me baptisant sa Petite Dame aux camélias. Je ne pense pas littérature, je pense au pire, comme d'habitude. On trouve un centre de radiologie « autour de moi », comme me le suggère l'application Doctolib. Il y a celui où j'avais fait ma mammographie l'année précédente. Ça m'avait porté chance. Mes nénés allaient parfaitement bien. Je deviens totalement superstitieuse lorsqu'il s'agit de ma santé. J'ai peur de mourir. Ma fille, très angoissée dans l'enfance, avait fini par m'avouer qu'elle avait peur de mourir parce qu'elle savait qu'on serait tristes et ça la rendait triste. Dans un avion qui nous menait je ne sais où, elle avait affirmé qu'elle préférerait qu'on meure tous en même temps. J'avais prié le ciel pour que je connaisse mes enfants toujours vivants.

Je voudrais que Sophie prenne rendez-vous pour moi, mais elle refuse. Elle m'assure que tout va bien se passer. Monter un service qui gérerait les prises de rendez-vous pour les autres. Certains y feraient appel par manque de temps, d'autres, comme moi, par manque de courage. Je suis convaincue que ça fonctionnerait. Je me lance. Le message du répondeur conseille, en raison d'un trop grand nombre d'appels, de prendre rendez-vous en ligne, en se connectant au trois W point RIP point fr. RIP? Je crois m'étouffer. RIP, *Rest in peace*. Personne ne parle anglais dans ce centre qui fait des examens au diagnostic potentiellement mortel? RIP pour Réseau d'imagerie parisien.

Sophie et moi décidons de faire abstraction de l'abréviation funeste. Depuis le site, il me faut choisir un radiologue. On regarde leurs photos. Je préférerais une femme sans trop savoir pourquoi, mais aucune n'a de disponibilité avant dix jours. Je me rabats sur un homme que je juge bien trop bronzé pour être professionnel, mais qui est disponible demain. J'embrasse Sophie avec un mélange de joie et de tristesse. Elle doit partir travailler.

Nous nous reverrons avant mon départ pour la Bretagne. Elle ne peut pas m'accompagner à ma radio, elle en est désolée, mais elle sera sur mon épaule comme un ange gardien. Peut-on vivre sans amour? Je ne sais pas, mais on ne peut pas vivre sans amis.

*

Message à Christophe:

Si j'ai un cancer des poumons, dis, tu me grefferas des poumons de truie?

*

Bianca a des amis connus. Certains ont un compte accrédité avec une flèche dans un rond bleu pour attester que c'est bien eux. À commencer par elle-même. Bianca est journaliste pour le magazine culturel d'un quotidien national. Elle a écrit un livre sur sa mère, morte quand elle n'avait que 16 ans. Je la suis depuis que Christophe en est tombé amoureux après qu'elle l'a interviewé pour un article sur les biotechnologies. Il était alors en pleine crise à cause de l'affaire du lit conjugal. Je n'aimais pas particulièrement sa première femme qui ne m'aimait guère en retour. Nous étions trop proches son mari et moi, elle trouvait ça louche. Lorsque je suis partie en expatriation, ça l'a rassurée. Elle me souhaite toujours une bonne année depuis leur séparation. Je n'étais en effet pas le danger. L'histoire du lit conjugal, c'est Christophe qui me l'avait racontée.

Julie, en rentrant d'un week-end filles à Deauville, avait annoncé qu'elle voulait faire lits séparés. Comme dans *Pouic-Pouic*? J'avais gloussé, mais l'heure n'était pas à la gloussade. J'avais quand même recherché si c'était dans ce film que Funès et la magistrale Jacqueline Maillan forment un couple de bourgeois, chacun dans son lit simple. Mais c'était dans *La Zizanie* avec la formidable Annie Girardot. Julie voulait pire, elle voulait faire chambre à part. Il l'avait mal pris. Enfin, dans un premier temps, il n'avait pas compris. Ensuite, il l'avait mal pris. Il avait pensé que c'était sa copine Vanessa et ses idées à la con qui lui avaient mis ça dans la tête. Et pourquoi pas se séparer tant qu'à faire? En le regardant réagir, elle avait dû penser que ce serait sans doute la prochaine étape. Elle avait argumenté. Elle voulait pouvoir tourner dans le lit autant de fois qu'elle en éprouvait le besoin. Elle voulait se lever sans avoir peur de le réveiller. Elle voulait se couvrir avec la couette jusqu'au cou ou la virer complètement. Elle voulait pouvoir se coucher tard sans crainte de le réveiller. Elle ne voulait plus l'entendre ronfler. Elle voulait bien dormir. Il était vexé. Il ignorait qu'elle était à ce point empêchée par sa présence. Elle avait annoncé qu'elle prendrait la chambre d'amis. Il avait argué que c'était aussi un bureau. Elle avait rétorqué que ça pouvait tout à fait rester un bureau le jour et une chambre la nuit. Elle avait ajouté que ça pouvait aussi relancer le désir perdu. Pourquoi lui demander son avis si sa décision était prise. De toute évidence, elle ne lui demandait pas son accord. Elle lui avait demandé de répéter. Ton accord? Elle l'informait mais, en effet, elle ne considérait pas qu'elle avait besoin de la permission de son mari pour dormir dans une chambre de la maison. De fil en aiguille, ils avaient conclu tous les deux que c'était très bien de faire chambre à part au vu de ce qui s'était dit. Elle s'était levée sans peur de le réveiller, s'était couchée sans peur de le déranger, elle s'était couverte et découverte avec la couette comme elle avait voulu. Elle avait mieux dormi, mais ça n'avait pas réveillé le désir. Ils divorçaient l'année suivante. Ce sont majoritairement les femmes qui souhaitent avoir leur fameuse chambre à elles, pour toutes les raisons évoquées par Julie. Sauf peut-être celle du regain de libido. Ne plus avoir à subir le désir de son mari peut être une vraie motivation à vouloir faire ce choix. Si l'on exclut le préalable pécuniaire, je suis convaincue que le sujet reste tabou et que peu de femmes osent en formuler le souhait à leur moitié.

*

Je décide de bouger et d'aller au Bon Marché me lécher les babines des belles choses à voir. Je m'y rends comme on s'offre un bon divertissement. Comme si je regardais la montée des marches de Cannes. Ici, c'est la montée des escalators. J'ai l'impression de rentrer dans le lobby d'un immeuble new-yorkais avec les vigiles noirs en costume qui saluent les clients comme des *doormen*. Le pompon, c'est La Grande Épicerie. Combien faut-il avoir sur son compte en banque pour faire de La Grande Épicerie son supermarché, son marché, sa cave, son boucher, son fromager, son arabe du coin ? Flâner au BM, c'est regarder de vrais adultes qui sont dans la réalité, qui ont réussi, qui gagnent de l'argent, qu'on ne dirait consumés par rien. On a l'impression que les gens y sont plus beaux qu'ailleurs. Quand je rentre dans une boutique chic, je reste ou je redeviens la gamine qui n'avait pas les moyens, avec des bottes en simili cuir de chez Éram.

*

En sortant, je manque d'avaler ma Nicorette en évitant de justesse un vélo. On me dit que je suis folle d'envisager un retour à Paris, que la ville a changé. Pour l'instant, je trouve surtout que ce sont les cyclistes qui ont changé. Les personnes à vélo sont les nouveaux chauffards parisiens. Je traversais au passage piéton dans mon bon droit, le petit bonhomme était bien vert. Un jeune trentenaire avec une barbe à la mode, habillé chez Carhartt, au guidon d'un triporteur, un vélo cargo, à contresens, m'a frôlé les pieds et le visage en brûlant le feu rouge. Mobilité douce ET conduite agressive. En définitive, qu'on soit au volant ou au guidon, le comportement à bord d'un moyen de transport individuel reste le même : moi d'abord. La morale de l'histoire, c'est qu'on est toujours le connard d'un autre. On est toujours le piéton d'un cycliste, le cycliste d'une voiture, le scooter électrique d'un SUV, le train d'un avion.

*

Le septième monument parisien le plus visité est le Vuitton des Champs-Élysées. Olafur Eliasson y a créé une pièce noire et sourde dans laquelle on ne s'entend pas parler.

*

De retour à l'hôtel, je consulte mon téléphone. J'ai une notification Instagram. Il s'agit d'un audio.

« Bonjour Camille, c'est Dauphine, l'amie de Bianca, formidable l'idée du compte Insta ! Mais si je peux me permettre, ce serait mieux de ne pas mettre Bianca dans l'intitulé, si toutefois elle voit que j'y suis abonnée, il ne faudrait pas que ça lui mette la puce à l'oreille… Je me réjouis de cette surprise, à très vite, belle soirée ! »

Allez, ça se réjouit, ça dit belle soirée. Je vais sur son compte. Si on réécrivait le conte des trois petits cochons aujourd'hui, on ne raconterait pas comment chacun a construit sa maison, mais comment chacun a façonné son compte Instagram. Le loup serait la notoriété qui soufflerait des likes. Chez Dauphine, les photos sont entourées de blanc comme si elles avaient été prises avec un Polaroid. Notre premier petit cochon construit donc sa maison avec de beaux matériaux. On comprend que Dauphine Nouffe aura fait du poney et du piano à 7 ans, de la danse moderne et du cheval à 14, une école de commerce et un tour d'Europe à 21, un beau mariage et de beaux enfants à 28, une belle carrière avec de beaux bonus à 35, une belle prime de départ à 40, une formation à 41 ans et la création de sa boîte à 42. Elle

« embrasse le présent ». La vie mode d'emploi sans huile de palme. Cadre reconvertie, directrice marketing repentie. Dauphine a lancé une ligne éthique de vêtements et accessoires qui portent son prénom. Elle fait de la « slow fashion ». Elle adore « nous partager », elle ne partage pas avec nous quelque chose, sa syntaxe à elle, c'est « je vous partage quelque chose », elle promet qu'elle revient très vite sur les réseaux avant de partir se ressourcer, elle poste des photos tout en vantant les bienfaits de la déconnexion au bord d'une plage paradisiaque. Elle est partie habiter à la campagne (mais a gardé son loft dans le 9e). Nouffe ne s'est jamais fait agresser sexuellement. Alors pour exister à travers #metoo, elle communique au nom des sœurs amies. Elle les remercie en public avec un #sororité. Elle a des enfants Montessori. Elle est grande et belle et bien foutue. J'ai évidemment envie de lui ressembler et donc je la déteste, évidemment.

Je me demande bien pourquoi Bianca irait chercher les comptes Instagram que son amie suit, mais Dauphine n'a pas complètement tort, soyons prudents, changeons le nom. Les mots-clés tournent dans ma tête, si on vire Bianca, il reste anniversaire, surprise, 50 ans et le lieu de la fête : Saint-Astre. Rien ne vient. Je regarde à nouveau la galerie de photos de Nouffe. Il y a un selfie d'elle et de Bianca-Naffe sur un voilier. Je regarde leurs abdominaux yoga-chocolat en louchant sur mon bidou à petits bourrelets blancs. Naffe Surprise ? Kinder Naffe ? Je glisse sur la « maison » de Bianca, terriblement désirable elle aussi, avec les matériaux les plus enviables.

Nouffe et Naffe ont en commun des comptes Instagram dont le statut est public et le bilan, glycosurique. Chacune y entrelace vie personnelle et vie professionnelle, les deux très réussies. Les textes qui accompagnent les images sont toujours bienveillants et harmonieux. Toutes deux taguent beaucoup de personnalités. Je me demande si elles sont en compétition ou si elles se réjouissent l'une pour l'autre. A minima, elles jouissent l'une de l'autre. Vraiment, c'est le problème avec les réseaux sociaux, on se compare à trop haut, trop brillant, mieux vaut regarder un abat-jour droit dans les yeux que de fixer le soleil, ça fait moins mal aux yeux. Nicorette.

*

La publicité multiplie les désirs à l'infini. Les magazines féminins aussi. L'agora Instagram encore plus. Un jour, on a découvert le rôle fondamental des « neurones miroirs » dans le cerveau. Ils seraient à la base de tout apprentissage. On imite l'écriture des lettres pour apprendre à écrire, les sons pour apprendre à parler. En psychologie mimétique, l'imitation est inhérente à toute relation : c'est en imitant l'autre que je me construis. Nous sommes des individus du lien et nous le restons à vie, même à travers des figurations. Les figurations, ça peut être aussi bien des contes que des écrans. Nous avons des figurations imposées comme nos parents, notre famille, mais nous pouvons aussi élire des modèles. La publicité et Instagram sont basés sur le désir mimétique.

Si je désire avoir ou être George Clooney, je désire le café que boit George Clooney.

Adulte, on peut imiter l'être, l'avoir, mais aussi le paraître.

Est-ce que la jalousie, c'est pareil que le désir mimétique ?

*

Il me parle de l'importance des pieds. « Vous avez remarqué comme ces deux-là nous portent toute la journée et comme on les maltraite ? » Il me montre les siens et me demande si je connais les chaussures Gwanno. Moi ça me fait penser au guano, le caca d'oiseaux marins. Mais docilement, je baisse mon regard. « Ce sont des chaussures minimalistes », dit-il d'un air important. « C'est allemand ». Il fait une pause, comme s'il attendait une réaction de ma part.

– Allez dites un peu, combien d'os dans un pied ?

Je rougis, je suis nulle en anatomie.

– Voilà, vous n'en avez aucune idée, comme tout le monde, n'ayez pas honte. 26 ! 52 os rien que dans nos pieds ! 16 articulations, 107 ligaments, 20 muscles et 7 200 terminaisons nerveuses !

Je fais l'ébahie plus que je ne le suis réellement. Si je vais chez l'ostéo, ce n'est pas pour un cours d'anatomie. Et surtout, je ne compte pas porter des chaussures qui seraient idéalement vendues avec un sarouel et un didgeridoo.

– Vous savez que vos chaussures, là, elles sont totalement inadaptées à votre physiologie ? Elles vous coupent de toute sensation avec le sol, et de toute stimulation.

Je fais la bonne élève, celle du premier rang, en même temps, je suis seule dans la classe. Et si mon inadaptation venait de mes pompes ?

– Rien qu'avec ça c'est pas moins de 20 muscles que vous entravez.

Je voudrais qu'il en vienne à ma nuque douloureuse et ne pas penser à ce qui m'entrave. Justement, il y vient, m'expliquant que la rigidité des semelles esthétiques du commerce, absolument pas faites pour amortir, nous contraint à prendre appui sur le talon, la zone du pied la plus fragile et provoque ainsi une onde de choc qui se propage dans l'ensemble du corps.

– Vous portez des talons ?

– Non.

– Tant mieux, parce que là, bonjour les dégâts ! La hauteur oblige à déplacer le centre de gravité. C'est toute la chaîne locomotrice qui est en jeu.

Je commence à me lasser. Je regarde furtivement la décoration de la classe. Le corps humain de face et de dos, avec le nom des os et des muscles en latin. À force de l'entendre parler de pied, j'énumère les expressions : prendre son pied, faire des pieds et des mains, de pied en cap, en avoir sous le pied, se lever du mauvais pied, casser les pieds, bon pied bon œil, ça lui fera les pieds, perdre pied, reprendre pied, comme un pied, avoir les pieds sur terre, à pied d'œuvre… Et puis mon regard s'attarde sur un slogan encadré *Nous ne naissons pas des chaussures aux pieds*. Oui, c'est certain. En même temps, nous ne naissons pas avec beaucoup de choses. Nous ne naissons pas avec un stylo dans la main, nous ne naissons pas avec un sarouel, nous ne naissons pas avec des slogans dans la tête. Il finit par se taire et tirer doucement sur les deux chevilles en même temps. Au moment de régler, il me propose de prendre un petit flyer – des chaussures Gwanno seconde peau qui épousent la nôtre.

*

« La hauteur – des talons – fait déplacer le centre de gravité » en écho au plat de mes semelles qui devraient alors m'assurer le point d'équilibre. Et si organiser cet anniversaire était le bon moyen de déplacer le centre de gravité de la situation ?

*

Je rentre après avoir acheté des cochonneries au supermarché, un sandwich triangle et des Chamallows. Je me vautre sur le lit et j'allume la télévision dont je coupe le son. Des images qui bougent constituent une très bonne compagnie. C'est un talk-show dont j'ignore le thème. Je m'en fiche, je suis sur mon téléphone. Nino Finco m'a écrit. Le Nino Finco chroniqueur sur une radio du service public, chroniqueur dans un journal de gauche, chroniqueur sur Instagram, écrivain à ses heures. Le message est concis, il m'enverra très vite des photos de notre chère Bianca. Il conclut d'un « à bientôt » et d'un « merci ». Je file sur son compte. Lui aussi est accrédité. Je parcours ses publications aux textes engagés frôlant souvent la limite des 2 200 caractères autorisés par l'application. Je l'ai trouvé, mon troisième petit cochon.

Après Naffe, la maison Insta construite avec paillettes et bons sentiments, Nouffe, la maison construite en compensation carbone et pleine conscience, Nif ou la maison construite avec des opinions.

Son compte, c'est le saloon. Lui, c'est le cow-boy qui pointe les mensonges et les manquements du shérif. Chaque post suscite en moyenne 500 commentaires. Il ne se laisse pas faire, la baffe publique, il la donne aussi à ses followers s'il leur arrive d'émettre un avis contraire. Nif dit pour qui voter et décrète qui est con ou pas. Il raconte son adolescence. Laborieuse, « par manque de confiance ». Au cas où l'on imaginerait par manque d'intelligence. Le mec est pointu. Le mec a bon goût. Ses propos sont irréprochables. Il coopte, il adoube ou il ignore. Il a l'intelligence et le mépris. Il fait consensus. À le lire, on l'imagine dans une ZAD avec sa machine à écrire. Il est fier de marquer son territoire provincial et ses origines d'immigré italien. Mais à n'en pas douter, notre cow-boy de gauche plutôt beau gosse, même en province, vit dans les beaux quartiers. Si je comprends bien, sa fille a écrit un livre. J'irai voir son compte. Demain, j'appelle André. Christophe m'appelle Caca carpe cras. « Camille, c'est pas *saisis le jour présent*, mais *saisis le jour futur.* » Demain, j'irai aussi voir Nénette après la radio. Ce sera ma récompense.

*

Je retourne en France à l'âge de Mrs Dalloway. J'en ai rêvé, avant de savoir que ce serait seule. Il faudra bien que je rentre. Il faudra surtout bien que je parte. Je n'ai plus aucune raison de vivre à Copenhague. Dieu sait pourtant que je ne voulais plus de cette vie d'expatriée depuis que les filles étaient parties étudier ailleurs. Je voulais revivre dans ma langue, voir mes amis plus souvent, aller au cinéma, essayer de travailler. Laurent lui, adorait son job, le Danemark, et j'apprendrai un soir de novembre, le jour de mon anniversaire, qu'il adorait aussi une Danoise. Un cadeau étrange que j'ai reçu sans ruban rouge ni papier de soie. Laurent n'aura décidément jamais su m'offrir un cadeau original qui me plaise. Il avait essayé au début, mais les déceptions répétées l'avaient dissuadé de s'accrocher. J'avais droit depuis des années à un bon cadeau dans un joli magasin. Aucun de nous n'a élevé la voix. Un adolescent aurait presque pu dire que c'était passé crème si toutefois cette expression n'est pas déjà surdatée. Laurent a expliqué la situation et proposé des modalités. Je me demande si je ne l'ai pas remercié pour sa générosité. Lui m'a remerciée pour ma compréhension. Je crois qu'il est parti retrouver son Ebba (ce prénom, comme un mauvais jeu de mots), content de sa négociation. Dans mon entourage, on a été choqués du symbole du jour de l'anniversaire. Moi, je m'en fichais de la date de l'annonce.

Je rentre temporairement, je rentre parce que Christophe m'a demandé ce service. L'occasion de me projeter en France à nouveau. Christophe à maintes reprises m'a déjà remonté les bretelles. Il a parlé de prendre la température, « choisir, c'est renoncer », qu'il était temps de réagir, d'arrêter de me morfondre. Toutes ces images dont l'on use lorsqu'il s'agit de sortir quelqu'un de sa torpeur. Ma mère aurait dit « prendre le taureau par les cornes ». Ma mère n'aurait pas aimé que je divorce. On ne se sépare pas à 52 ans. Puis elle se serait consolée en pensant aux enfants déjà partis du nid, ça les fait moins souffrir parce qu'on a beau dire ce sont les enfants qui trinquent dans un divorce. J'aurais répondu que c'était une séparation et pas un divorce. Elle aurait pensé « pas encore ».

Christophe a d'abord compati, puis espéré avec moi que ce soit une passade de Laurent, enfin, il avait rué dans les brancards. Ce n'est pas en restant chez toi à l'attendre qu'il va revenir. Barre-toi en Italie et fais l'amour à l'arrière d'une Alfa Romeo avec un Italien sans lendemain, c'est le mieux qui puisse t'arriver. Prends-toi en main et fais-toi prendre. Mes filles et mes amis ont le même discours sans aller jusqu'à me prescrire de m'étendre sur une banquette italienne.

Six mois que je suis seule dans notre appartement devenu trop grand. Un semestre à me demander comment rebondir. Vingt-six semaines à tergiverser. Rentrer en France. Où en France et pour quoi faire ? Je ne travaille plus depuis des années, je suis ce qu'on appelle une « femme au foyer ». Laurent tout à sa nouvelle joie me laisse jouir du foyer où le feu ne brûle plus. C'est important pour lui de me mettre à l'abri de tout souci financier.

Alors cette demande de Christophe, c'est aussi l'opportunité de me projeter à Paris. Treize jours, ensuite, tu rentres, tu restes, tu feras comme tu veux.

Tout le monde parle de sortir de sa zone de confort. Moi, je me conforte dans ma zone d'inconfort.

Mardi 20 avril
Journée mondiale de célébration du cannabis

Qui assure la programmation musicale les jours de grève sur les radios du service public ? J'éteins la radio et me fais couler un café. Je résous des Sudoku jusqu'au moment de partir à mon rendez-vous avec la mort. Rien de mieux pour s'abêtir. Faire l'autruche et faire des Sudoku, même combat.

*

Vivre sans aller vite ni loin.

*

Je traverse le cimetière du Montparnasse en lisant au passage les noms sur les tombes. J'y trouve évidemment des presque homonymes. C'est un signe. Je vois des signes dans tout. Je m'imagine en chimiothérapie, le crâne nu. Pas d'églises sur mon chemin, sinon j'y brûlerais un cierge. On me proposerait de m'immerger dans la Seine pour n'être pas malade, ou un régime de betteraves rouges pendant un mois, je le ferais – mes filles les détestent parce que « ça sent la terre », je les adore parce que ça sent la terre. Je pense radio du thorax, c'est beaucoup moins anxiogène que radio des poumons. Par ailleurs, c'est bien ce qui est écrit sur l'ordonnance. Mon cerveau, lui, ne cesse de me crier « radio des poumons radio des poumons ! ».

Arrivée sur place, une réceptionniste me demande mon nom et me reproche dans la foulée mon retard de quinze minutes. Je me défends en vérifiant l'heure du rendez-vous qui concorde avec celle de mon arrivée. « On vous demande de lire un document lors de la prise de rendez-vous qui vous indique que vous devez vous présenter un quart d'heure avant, le temps de faire votre dossier. » Elle m'ordonne d'attendre en désignant du bout de son menton peint au fond de teint les sièges à droite. Je me confonds en excuses, je m'assois et je regarde la méchante hôtesse partir faire sa pause cigarette. Dans le hall-salle d'attente, une autre réceptionniste continue sa conversation non professionnelle au téléphone. Je me vois comme une enfant punie. Et puis j'entends : « Vas-y, bisous. » Je me répète « vas-y, bisous ». Je souris intérieurement à ce tic de langage. Ce « vas-y » qui ne signifie pas du tout d'y aller.

J'entends mon nom, me lève et me présente penaude, craignant qu'on me reproche à nouveau mon retard. La jeune fille me demande ma carte vitale le regard rivé à son écran d'ordinateur. Je n'en ai pas. Elle fait un truc bizarre avec ses yeux. J'ai l'impression qu'elle va me sortir une tirade « Allô, t'as pas de carte vitale, vas-y ». Je précise que je vis à l'étranger, je paie et je veux bien la note. Je l'exaspère. Elle me tend la facture et m'indique le chemin pour me rendre à l'examen. Rebelote. Je me présente, une autre hôtesse d'accueil me fait signe de m'asseoir sans un mot. C'est désagréable mais, encore une fois, je pense à la chance. Ce qui me semble être le radiologue de la photo de Doctolib passe par là, indifférent. Je n'en prends pas ombrage. Et puis une femme à qui je donnerais 60 ans, crocs aux pieds, vient me chercher. La manipulatrice en électroradiologie m'indique la cabine dans laquelle enlever le haut. Laisse la porte ouverte et, pendant que je me déshabille, me demande la raison pour laquelle je fais cette radio. L'examen dure trente secondes, mon thorax de face, puis de profil. De profil, avec les mains sur la tête. Aimablement, nous nous quittons. Je dois encore patienter dans la salle d'attente. La manipulatrice revient rapidement avec un document à la main, demande à la réceptionniste si un technicien est là. Je pense immédiatement problème. Ma radio montre un truc tellement dingue et grave qu'elle soupçonne un dérèglement de la machine. On lui répond que non. Elle se dirige vers moi et avec un sourire immense, rempli de compassion, me donne la chemise portant le titre *RADIOLOGIE NUMÉRISÉE* et dessous, mes nom, prénom et la date du jour. En bas de page, *mammographie numérique, centre agréé de dépistage, cytoponction, microbiopsie mammaire, écho-doppler pelvien, hystérographie, densitométrie osseuse, IRM du sein et du pelvis*. À l'intérieur, mes radios et un document portant les références à renseigner en ligne, sur www.RIP.fr donc, afin d'obtenir le compte-rendu. Aucune indication du délai de mise en ligne – ni de mise en bière. La chemise à la main, je sors, partagée entre regarder les clichés et ne surtout pas regarder. Je regarde et je vois clairement une asymétrie sur l'image. Une grosse tache brune à gauche, juste là où j'ai mal quand je tousse. Je referme la pochette et je continue à marcher en direction de la couette sous laquelle tout oublier.

*

Au deuxième passage piéton :

Ma Caca, je formerai un chirurgien dans la mise en place d'un dispositif médical de xénogreffe. Le donneur d'organe sera une petite chèvre. Tu comprendras que des poumons de souris ou de truie soient disproportionnés dans ton cas. Mais je ne suis pas inquiet, il ne peut rien t'arriver et puis tu dois organiser la fête de Bianca. As-tu appelé André ?

*

Ce que fait Christophe est fascinant. Un jour, il m'avait expliqué en détail le contexte de son travail. On ne sait jamais vraiment ce que font les gens concrètement. Je pourrais résumer le travail de Laurent et de la plupart de mes amis depuis le confinement par « des réunions ».

Son métier consiste aussi à assister les chirurgiens du corps humain. Le premier dispositif médical en titane ou en nickel sur les vertèbres d'un homme a nécessité que le chirurgien s'entraîne en amont, sur des animaux à la corpulence similaire à l'homme, comme la chèvre. Mais un chirurgien qui opère les hommes ne sait pas opérer les chèvres, il ne connaît pas la dose d'anesthésie nécessaire, il n'a pas le matériel, on n'emmène pas la chèvre à l'hôpital. Ça implique donc, en amont, qu'un véto et un chirurgien du corps humain travaillent ensemble.

Bref, Christophe compte parmi ces super vétos dont je suis très fière d'être l'amie et grâce à qui on me rebaptisera Blanquette. Je brouterai la vie à ma guise, une fleur de cytise entre les dents.

*

Elle dit qu'elle s'est fait le plus beau des cadeaux: la liberté. Et qu'il faut arrêter avec les peurs. Ça nous empêche. Elle pense qu'à un moment le monde a commencé à avoir peur. Notre peur a un coût. La peur nous coûte et rapporte à la société de consommation. Je ne sais pas qui parle. Seulement 9 % de nos angoisses sont basées sur des menaces réelles. Est-ce que la peur du cancer des poumons en fait partie? Est-ce qu'on peut avoir un cancer d'un poumon seulement? Elle rit. Je n'ai pas entendu la question ou le commentaire du journaliste. Elle répond que, jusqu'à preuve du contraire, l'amour et la bienveillance n'ont jamais tué personne. Mais le cancer du poumon, oui. La peur n'est pas dans la situation observée, mais dans le regard de l'observateur. Je ne suis pas sûre de comprendre. La croisée des chemins vous savez, ce n'est jamais que choisir entre la peur et l'amour.

Je lève les yeux au ciel sous ma couette. L'amour, c'est l'absence de peur, le froid, c'est l'absence de chaleur, le jour, c'est l'absence de nuit, ok, si je la suis bien, le cancer, c'est l'absence de santé, la séparation, c'est l'absence de l'autre, le beau, c'est l'absence de laid, etc.

Je réponds à Sophie qui m'appelle et m'annonce la merveilleuse nouvelle que ses patients de l'après-midi ont annulé leurs rendez-vous et qu'elle vient me chercher dans une heure pour aller voir Nénette. Je fais voler la couette, je passe de la peur à l'amour en deux secondes. Je trouve l'énergie de répondre à Nouffe que je vais changer le nom du compte Insta, la remercie pour son message avec une émoticône petits yeux tout contents et pommettes rouges. Je me donne dix minutes pour brainstormer. Je pars sur le mois de l'anniversaire. L'anniversaire est en mai. *May B day*? Ça fait *maybe* et encore bidet, ça ne va pas. *May day*, ça fait appel au secours. Que ferait l'amour? J'attends la réponse qui arrive comme une étincelle: *Fifty wishes*. Oui, en anglais, ça fait mieux que Cinquante vœux. Allez hop, c'est bien ça.

*

Bonjour André, je suis Camille l'amie de Christophe qui l'aide à organiser l'anniversaire de Bianca. Je vous laisse me rappeler à ce numéro pour. Blanc. Je ne sais pas dire pour quoi ou comment. Euh pour voir comment on s'organise pour ma venue. À bientôt, bonne journée.

Comment on s'organise pour ma venue? Nicorette.

*

Dans les années 1920, un pilote français en difficulté lors d'un vol en direction de l'Angleterre demande en français qu'on l'aide. L'opérateur britannique prend « m'aider » pour « *Mayday* ». L'histoire ne dit pas si le pilote a été sauvé. Mais depuis, la convention internationale de radiotélégraphie de Washington a rendu officiel l'usage de cette expression pour les transports aériens et maritimes.

*

Nénette est fatiguée, Nénette est vieille, Nénette est à l'isolement. Dès l'entrée, ça sent la maison de retraite et l'étable. Pas d'habillages sonores, juste le silence. Une espèce de décor de forêt mal reconstituée. Dehors, les cages avec les orangs-outangs sont au nombre de quatre. Une mère et son bébé collés l'un à l'autre. Cette ménagerie de Paris, la plus ancienne, ressemble à un asile dans lequel les animaux seraient devenus fous. Nénette finira empaillée. Elle est arrivée de Bornéo un an avant que la capture des animaux sauvages soit interdite. Elle ne peut pas être transférée dans un endroit plus confortable, trop vieille, le voyage finirait de l'achever. Alors, l'exploiter jusqu'au bout. L'exposer jusqu'au bout : l'exposer une fois morte. On détruit. Puis on développe des actions pour bricoler derrière. On rend les gens et les animaux fous. On ravage, puis on fait de l'humanitaire. On découvre le pademelon, le monstre de Gila, l'oryx d'Arabie, le tur, le dik-dik, le casoar, l'outarde, le tapir malais, le hutia de Cuba, le muntjac, l'anoa, la vigogne, le nandou, le potamochère et l'arkal. Je préférerais qu'ils restent chez eux quitte à ne jamais connaître leur existence. Que le tapir malais vive dans sa forêt tropicale, à proximité des points d'eau, à se camoufler dans son habitat ombragé et d'origine. Que Nénette n'ait jamais découvert la pratique de la peinture et autres dispositifs d'« enrichissement de l'environnement », ni reçu un gâteau d'anniversaire pour ses 50 ans. Nénette est une anthropoïde immergée dans un monde d'humains. On s'émerveille de ça, de l'imitation comme processus essentiel de l'apprentissage, aussi chez les primates.

Les panneaux expliquent gentiment que l'oryx d'Arabie doit sa survie aux programmes de reproduction internationaux. Alors, on est content. Merci les zoos. Merci les ménageries. Merci les programmes internationaux. 30 % de la population des pademelons a disparu en vingt ans. Son espèce est classée vulnérable. L'orang-outang, lui, est en danger critique d'extinction. Émerveillement et dépaysement attendent petits et grands. La ménagerie participe à 55 programmes d'élevages européens destinés à préserver la diversité génétique des espèces. Ouverte en 1794, la Ménagerie, le zoo du Jardin des Plantes, est un des plus anciens zoos du monde. Un takin tourne en rond. Isolé dans un périmètre restreint, une courette de 60 mètres carrés à tout casser. Le takin, cette espèce de gnou africain, vit normalement dans les montagnes de Chine ou dans l'Himalaya, entre 2 000 et 4 500 mètres d'altitude, en petit troupeau l'hiver et grand l'été.

Peut-être qu'un jour on rendra visitables les lieux de rétention des migrants. Regardez comme ils sont en danger ! Un panneau informera que celui-ci vient du Niger. Le pays est en guerre. De même qu'on peut parrainer notre espèce favorite, on pourra parrainer nos migrants préférés. On paiera l'entrée. On amènera les enfants. On achètera dans la boutique du lieu, dont le nom reste à trouver, des peluches de migrants et pourquoi pas des embarcations de fortune reconstituées en miniature. Bienvenue au cœur de la biodiversité.

*

Sœur Emmanuelle aimait demander aux gens qu'elle rencontrait :

– Et toi, tu fais quoi pour les autres ?

Réponse probablement la plus charitable :

– Je ne les fais pas chier.

*

On s'est arrêtés à la terrasse du premier bar venu et Sophie m'a obligée à regarder les résultats sur-le-champ. J'ai obéi. J'ai saisi mon téléphone et me suis connectée à RIP.fr. En réalité, j'avais déjà essayé un peu plus tôt, mais aucun résultat n'était encore disponible. Le médecin radiologue et bronzé en charge de mon dossier était peut-être parti se refaire des UV. Mais cette fois-ci, la petite icône représentant un dossier est bien présente.

Mon cœur fait trembler mes mains. Je clique, je fais une petite prière mentale avant de lire :

RADIOGRAPHIES PULMONAIRES NUMÉRISÉES INDICATION Toux. TECHNIQUE Incidences de face, profil – clichés numérisés. Archivage numérique. Dosimétrie (PDS) : 210 mGy.cm ? RÉSULTAT Syndrome bronchique modéré avec épaississement bilatéral des parois bronchiques. Pas de lésion pleuro-parenchymateuse radiologiquement décelable par ailleurs. Silhouette cardio-médiastinale, hiles et vascularisation pulmonaire sans anomalie notable. Sophie et moi chantonnons « bronchite bronchite bronchite bronchite ». Nous exultons. Je relis « sans anomalie notable ». Merci mon Dieu auquel je ne crois qu'à moitié !

J'accompagne Sophie au métro. Je lui demande avant de la quitter si ses patients avaient vraiment tous annulé leurs rendez-vous. Elle me répond avec un sourire incommensurable. J'attends au passage piéton que les voitures, vélos, trottinettes, triporteurs, vélos cargos, camions et camionnettes me laissent passer. Je n'ai pas de cancer, alors je leur cède le passage à tous avec amour, ou presque.

*

Comme je décrète cette journée jour de chance, je m'arrête acheter des jeux à gratter dans un tabac. Je me retiens de prendre des cigarettes. Je suis tentée par une vapoteuse goût menthe glaciale, menthe fraîche, fraise sauvage, vanille-bourbon, ananas-coco, à quand le goût bite. J'adore jouer. Je joue au Scrabble sur mon téléphone, avec des inconnus. Je joue sur Instagram. Pour tenter de gagner tous les livres de la sélection Goncourt que je ne lirai jamais, un bon d'achat chez IKKS, marque que je ne porte pas, une lampe qui ne me plaît pas chez Durable. Je ne sais plus quel âge j'avais lorsque j'ai participé à un concours de dessin organisé par Pépito, les gâteaux avec le sombrero sur la tête du bonhomme. Je m'étais beaucoup appliquée. Je n'avais pas gagné. À l'époque, ça demandait beaucoup d'efforts, il fallait prendre la peine d'envoyer son dessin par la poste. J'achète 3 Scorpion. Ce n'est pas mon signe, mais je trouve que Scorpion renvoie à un signe de gagnant. Qui peut avoir envie de gratter un Cancer ? En sortant, je croise un couple enlacé sur une trottinette, elle devant, entre ses bras à lui. La trottinette, le *Titanic* des jeunes.

*

Je m'arrête devant une boutique *Tout pour faire la fête*, à la vitrine de perruque mulet, masque en carton de Macron, déguisement gonflable zizi, ballons en forme de cœur, pour les anniversaires, les *baby showers*, les enterrements de vie de jeune fille, les mariages, les départs en retraite. Le message de Thierry arrive devant les piñatas farcies. *Ai reçu le compte-rendu de ta radio. Tout va bien mon amie, des baisers*. Je repars les poumons légers en imaginant organiser un anniversaire déguisé. Bianca me détesterait.

*

Je repense à l'ombre aperçue dans mon thorax. Et enfin, je comprends que c'est mon cœur. À la place de mon cœur, j'avais vu une tumeur. « Vas-y, bisous », comme dit la standardiste de RIP.

*

Une de mes tantes aimait rabâcher « oh ben moi, je n'ai pas de chance, je gagne jamais rien ». Une fois, elle a gagné un presse-purée dans une tombola automatique au supermarché qui s'appelait Champion à l'époque. Elle a continué à l'appeler ainsi longtemps après que l'enseigne a été rebaptisée Carrefour Market. Elle avait la nostalgie du Mammouth de l'entrée de la ville. Elle ne suivait plus, avec tous ces changements. Pour le nouveau boulanger, elle disait « anciennement chez Compardier ». Elle rigolait quand on lui disait qu'une chaîne d'électroménager s'appelait Boulanger.

Dans le cocon de ma chambre, je lis les instructions de l'Astro. Découvrez 2 fois votre signe sous les étoiles pour remporter le gain 1. Découvrez 2 qualités identiques pour remporter le gain 2. Deux chances de gagner. Jusqu'à 25 000 euros. Il y a même un gain bonus si l'on découvre 2 éléments associés à votre signe sous l'étoile filante. La mention NUL SI DÉCOUVERT m'intrigue. Si je résume, trois chances de gagner et une de saboter. Je commence par gratter les qualités. À la fin de mon grattage, les qualités du Scorpion dévoilées sont : dévoué, enthousiaste, intuitif, aimable, vif, endurant, jovial, généreux, bon vivant, réfléchi. Ça donne envie d'être

Scorpion. On prend vraiment les gens pour des cons. Mais on n'est pas tant un con qu'un perdant. Décliner les qualités relève sans doute de la ruse de flatter le perdant. Évidemment, pas les défauts. N'avoir pas gagné à Astro et avoir découvert qu'on est nul, faible, idiot, râleur, fainéant, ce serait vraiment cruel. J'ai perdu. L'adage, malchance au jeu, chance en amour. Ou chance au jeu, malchance en amour. Je cherche l'expression exacte qui est « heureux au jeu, malheureux en amour ». Proverbe crétin.

*

Je me décide à poster les premières photos que *Péné. Trtn* m'a envoyées. Pénélope a fait le choix d'abréger son prénom et d'enlever les voyelles de son nom pour rester anonyme. Je ne suis pas sûre que ce soit une bonne idée de tronquer son prénom quand on s'appelle Pénélope. Je devine les voyelles qui manquent au nom de famille. Je souris en ajoutant a, i et o. J'ouvre la liste des invités et n'y trouve pas le nom Tration. En revanche, j'identifie Pénélope et Hugues Toreton. Ma correspondante a un compte sans publication. Les photos envoyées montrent une Bianca adolescente en salopette OshKosh qui s'amuse à loucher, puis une autre, Bianca en tenue de pilote dans le désert avec un dossard du Rallye Aïcha des Gazelles. Le logo ressemble à un clitoris élégant. Un clitoris tête en bas, qui rappelle étonnamment la tête d'une gazelle. Des sponsors commerciaux figurent aussi sur le dossard. On peut sponsoriser ses choix de vie maintenant. Il suffit d'en faire un événement, hop la liste de naissance, hop la lune de miel, hop la peinture pour la chambre du petit, hop mon Rallye Aïcha des Gazelles… Les deux amies sont assises sur le toit d'un 4x4. J'ignorais que Bianca avait aussi ça à son palmarès. Je l'imagine l'avoir vendu comme un retour aux sources de l'aventure, un rallye respectueux du pays pauvre traversé, une expérience unique de sororité. Je cherche des traces sur son compte en faisant défiler sa vitrine pléthorique. Et retrouve des publications montrant l'odyssée, des préparatifs jusqu'au rallye. On a droit sans surprise à l'hospitalité légendaire des Marocains, photos à l'appui d'enfants souriants en pull cracra pris avec un iPhone dernier cri. #voyageinitiatique #rallyedesgazelles #aventurehumaine #révélation #challenge #gazellepower #Marocmylove.

*

« Quand quelqu'un se rend compte que sa vie ne vaut rien, soit il se suicide, soit il voyage. »

Edward Dahlberg

*

Je crois que je pourrais passer ma vie dans cette chambre d'hôtel. Un lit confortable, une télévision avec une télécommande, une machine à café, une salle de bains, de la moquette moelleuse et des Nicorette. Un *desk* à joindre si j'ai un problème à résoudre, Internet et le ménage assuré. Quand bien même mon ménage n'est plus. L'idéal serait que je puisse y apporter quelques éléments de décoration. Mon couple d'Indiens par exemple. Deux têtes en papier mâché achetées dans une boutique il y a longtemps. Laurent n'avait pas été emballé par ma trouvaille. On n'était jamais allé en Inde, c'était ridicule. Le couple représente le maharaja et la maharani. Ils ont la tête légèrement plate. Un cou absent, comme moulé dans le menton. Elle, a une espèce de bouche ratée formant presque un bec-de-lièvre. Elle porte une boucle d'oreille de nez qu'elle a pointu. Des boucles rondes dessinées sur les lobes d'oreilles pour le moins très décollées. Un bindi rond sur le front. Son bindi à lui forme une goutte, rouge comme celui de sa compagne. Est-ce que les Indiens ont une expression qui dirait que ça se voit comme le bindi au milieu du front? Il arbore aux oreilles des pierres précieuses vertes. Le haut de sa tête est recouvert d'un bandeau surmonté de quatre phalanges dressées. Laurent avait trouvé qu'en plus c'était très mal fait. Moi, je m'en fiche qu'ils ne soient pas en porcelaine ou parfaitement peints. Je trouve doux leur regard globuleux. L'expression de leur visage est de celle des Playmobil ou de la Joconde: apaisante. J'avais menti sur le montant. Ça pouvait paraître effectivement ridicule d'avoir ces Indiens chez nous alors que j'ignorais tout du pays. Je n'ai aucune histoire à raconter sur eux, aucune anecdote. Rien, sinon dire que ce couple au regard amoureux me touche.

Mercredi 21 avril
Journée mondiale de la créativité et de l'innovation

La sonnerie de mon téléphone m'a sortie de ma nuit. Numéro inconnu. J'ai attendu que la personne laisse un message que je me suis empressée d'écouter, le cœur battant comme un volet mal accroché pendant l'orage. C'était André. D'une voix chaude, il me demandait de le rappeler afin de s'organiser. Je suis tétanisée par les appels inconnus. Je reste persuadée qu'ils sont de mauvais augure. J'ai enregistré son contact, sans prendre la peine d'y mettre un nom de famille puisque c'est le seul André de mon répertoire. Je le rappellerai plus tard.

*

En passant devant Le Select, je vois sortir deux vieilles. Une petite pomme flétrie, l'air pas aimable du tout, qui me fait penser à Françoise Verny, « la papesse de l'édition » dans les années 1980, suivie d'une grande vioque en pantalon qui a sorti une cibiche de la poche de sa gabardine. Chacune tient une canne à la main.

Je profite du feu rouge pour les observer. Le sosie de la Verny maugrée « elle m'emmerde elle m'emmerde ». Elle a l'air excédée par son amie. La grande à la cigarette n'arrive pas à trouver son briquet ou ses allumettes. Elle ne semble pas vouloir faire ce que l'autre attend d'elle, c'est-à-dire traverser le boulevard du Montparnasse. Elles me font rire. Je me demande si ce ne sont pas deux sœurs pour ne pas se supporter et pourtant passer du temps ensemble. La Verny part à petits pas dans un élan de colère. Mon rire devient jaune. Elles m'évoquent la vieillesse, la solitude de la vieillesse, quand tu n'as plus le luxe de choisir tes amis, qu'il te reste ceux qui vivent encore, ceux qui n'ont pas Alzheimer, ceux qui n'ont pas été placés en Ehpad. La vieillesse où l'amitié par défaut. L'« in-séduction » de la vieillesse. J'y pense de temps en temps et de plus en plus. Je pourrais me motiver à garder un corps à peu près athlétique, pour rester dans la course. Il y a bien des vieux qui demeurent séduisants pourtant. Jean Rochefort est demeuré drôle jusqu'au bout, l'espièglerie d'un enfant jusqu'au bout. Alain Souchon reste séduisant. Quand je dis séduisant, je veux dire désirable en amitié. Je me demande comment est André.

*

La Journée de l'amitié a été créée pour la première fois en 1958, au Paraguay, sous le nom de « Journée internationale de l'amitié ». L'industrie des cartes de vœux est à l'initiative de sa promotion. (Wikipédia)

*

Pierrot, je l'ai rencontré l'année dernière à une fête d'anniversaire où je ne connaissais personne à part la femme du fêté. Je faisais bonne figure, un verre à la main, en m'accrochant comme une moule aux rochers de qui voulait bien faire la conversation avec moi. Or les gens semblaient avoir d'autres préoccupations, contrairement à moi, ils n'étaient donc que de passage à la soirée, une bise, un cadeau tendu – des livres principalement –, un verre, tchin et zaï, ils filaient, pour la plupart à dos de bicyclette. J'essayais de m'adapter et de trouver de nouveaux amis d'amis avec qui parler. C'était gênant, mais je ne me décidais pas à partir, sans doute pour faire plaisir à mon amie. Il ne restait plus que quatre ou cinq personnes quand Pierrot est arrivé dans un fou rire fracassant. Grand, imposant et la voix entre gouaille de titi parisien et élocution d'aristocrate en robe de chambre. Le genre de mec qui s'impose, qui n'a peur de rien, le genre intimidant. On nous avait présentés et nous avions fini la soirée à boire avec les trois dernières convives déjà très alcoolisées. Pierrot était drôle, il aimait les hommes et les chiens. Avant de se quitter, il m'avait fait noter son numéro de téléphone et m'avait dit de l'appeler, qu'il m'offrirait une consultation la prochaine fois que je reviendrai à Paris. Pierrot est voyant.

Une fois devant la boutique à la devanture voilée, je cherche une sonnette que je ne trouve pas. Je frappe, mais personne ne vient m'ouvrir. Je finis par appeler Pierrot au téléphone. Je suis mortifiée. Il se souvient de moi après quelques secondes à me vouvoyer. Il m'indique où m'asseoir, me fait couper le jeu de tarot de Marseille et choisir une carte. L'arcane sans nom, treizième lame du tarot de Marseille, représente un squelette armé d'une faux, un pied dans une terre noire d'où émergent têtes, mains, pieds et os.

– Ne t'inquiète pas. XIII est une très bonne carte. C'est un squelette en marche et il fauche. C'est une mort symbolique nécessaire pour passer à autre chose. Tu fais le ménage, tu te débarrasses, tu fais le deuil. C'est une excellente lame pour faire le point sur soi.

Je dis que c'est drôle parce que 13 est mon chiffre fétiche. Il n'a pas l'air du tout de trouver cette information drôle. Il est beaucoup moins chaleureux qu'à la fête.

Il me fait choisir d'autres cartes.

– Une séparation non choisie.

J'acquiesce timidement. Il semble excédé.

– Je vois un bain de jouvence. Tu pars à la mer bientôt ?

À nouveau je réponds oui. Je ne sais pas trop si je dois en dire plus. Je suis troublée.

– Ça va être bien. Bon, normalement, je n'explique pas. Mais pour toi, Camille, je vais développer un peu. XIII contient l'association de X et de III. X, c'est la Roue de Fortune (elle tourne et favorise les changements) et III, l'Impératrice, parfaitement immobile, centrée sur ses richesses intérieures. On va dire que XIII se situe en haut de la vague pour filer la métaphore marine.

La consultation continue. Il devient plus doux, je deviens plus croyante. J'ai peur qu'il m'annonce une tragédie, mais rien de négatif ne sort des tarots à moins qu'il en voie une, mais le cache. Il me demande de temps en temps si un prénom me dit quelque chose. Mais aucun ne m'évoque une connaissance ou un ami. Il me rassure sur mes filles, tout va bien aller pour elles. En conclusion, il me voit rentrer en France, revoir un homme, être en compagnie d'un chien et trouver ma voie. Je ressors détendue et intriguée. Finalement, il n'y a que de bonnes choses qui m'attendent. Si l'on considère la fin de mon couple comme une bonne nouvelle. En regardant deux noms tagués sur un mur, je réalise pour la première fois qu'on ne dira plus Camille et Laurent.

*

Le couple solidaire en soirée
Le couple qui règle ses comptes en public
Le couple qui prend appui l'un sur l'autre
Le couple qui ne dit rien
Le couple dont on sait que ça ne va pas
Le couple en exposition
Le couple qu'on aimerait être
Le couple où tout va toujours bien
Le couple où tout est toujours mieux
Le couple qui s'est engueulé avant de venir
Le couple au contact de qui on s'engueule toujours
Le couple à qui on n'a rien à dire
Le couple en compétition
Le couple qu'on trouve plouc
Le couple avec qui on se sent plouc

Le couple qui mange bio
Le couple qui ne finit pas son assiette
Le couple qui offre un truc moche
Le couple qui propose de partir en vacances ensemble
Le couple qui propose de se revoir dès le lendemain
Le couple qui vient avec les enfants
Le couple qui veut être ton ami
Le couple qui se dit « mon amour »
Le couple qui te choisit comme parrain
Le couple où les femmes sont amies
Le couple où les maris sont amis
Le couple qui se sépare

*

« Revoir un homme », serait-ce revoir Antoine ?

*

– Bonjour Camille !
– Bonjour André !
– Formidable, j'attendais votre appel. Alors quand arrivez-vous ?
– Euh, alors, j'arrive dimanche, si cela vous convient.
– Arrivez plutôt samedi, on prévoit une sortie en bateau dimanche, la météo s'annonce merveilleuse.

Putain, une sortie en bateau ! Je n'ai pas le pied marin, André, je ne sais pas naviguer, je n'ai pas envie de me mettre en maillot de bain, d'ailleurs, je n'ai pas de maillot de bain, je ne suis pas épilée, j'ai peur de me baigner en pleine mer.

– Je vais voir si je peux changer mon billet. Je vous dis ça dès que possible.

– Parfait. Et oubliez l'hôtel réservé par Christophe, une chambre vous attend à la maison.

– Euh. Merci, mais…

– Il n'y a pas de mais, c'est non discutable, Camille, vous allez me vexer.

Sa race. Sa race de vieux. Sa race de force de persuasion. Je suis à la fois flattée et furax. Me retrouver chez des gens que je ne connais pas, mon cauchemar. Je n'ai jamais rêvé de « Rendez-vous en terre inconnue », ni de « J'irai dormir chez vous », pas plus que de *couchsurfing*. Il faut absolument que je demande à Christophe d'intervenir. Je veux être à l'hôtel, manger des sandwichs triangles dégueus matin et soir si ça me chante. Je veux pouvoir mater des émissions débiles depuis mon lit après les journées traiteur-fleuriste.

*

Ces dîners forcés

Ceux qui invitent se forcent et ceux qui sont invités aussi

On rend l'invitation

On a des intérêts à les garder dans son réseau

Lui est sympa, elle, c'est une conne

Ils sont quand même gentils

Les enfants sont amis

Ils nous ont rendu service
On veut leur demander un service
On les connaît depuis longtemps
C'est une habitude, une fois par an

*

Si je vais chez le père de Bianca, il me faudra apporter un cadeau. Une bouteille ? C'est Laurent qui choisissait avant. Je n'y connais rien en vin. Les cadeaux des invitations à dîner, une histoire à rallonge. Tu achètes des fleurs ? On apporte le dessert ? Parfois, on vient avec une bonne bouteille et les hôtes ne l'ouvrent pas. Il y a les organisés qui ont des cadeaux de réserve. Lulu fait ça, elle achète en solde et consigne dans une liste ce qu'il y a l'intérieur, une bougie la plupart du temps.

Bianca, je pourrais lui offrir Christophe empaqueté dans un joli papier avec du ruban doré autour. Un jour, j'ai lu qu'un homme, pour faire une surprise à sa femme, s'était fait enfermer dans un carton le jour de son anniversaire, puis s'était fait livrer. L'ami qui avait fermé le carton n'avait pas pris la peine de faire des trous d'aération compte tenu du court délai de livraison prévu. Malheureusement, une suite d'incidents avait retardé la livraison. Trois heures plus tard, la femme avait eu la surprise de découvrir son mari inerte en déballant son cadeau. L'histoire dit que l'homme a été réanimé. Au-delà de ce gentil fait divers, je me demande quel plaisir il y a à découvrir son mari dans un emballage. Quel plaisir à recevoir ce qu'on a déjà ?

*

La dernière fois qu'on s'était disputés avec Laurent, c'était à propos du cadeau d'anniversaire de mariage des Barnon. L'idée du jacuzzi était arrivée dans le groupe WhatsApp. Je trouvais ça beauf. Laurent n'était pas d'accord. Vas-y, quand est-ce que tu utilises un jacuzzi ? Quand est-ce que, bien au chaud chez toi, tu te dis, tiens, je vais me foutre en maillot de bain et je vais sortir me mettre dans une baignoire géante qui fait des bulles chaudes ? Pire, quand est-ce que tu dis aux amis « ça vous dit un jacuzzi ? À l'apéro ou au dessert ? » quand t'as envie de partouser ? Le jacuzzi entre amis me dégoûte. Je ne donnerai pas un rond pour ça. Je ne m'arrêtais plus.

Laurent avait fini par dire : on s'en fout, si ça leur fait plaisir. Ce n'est pas pour toi.

– Qui offre un jacuzzi offre un…

– Tu vois, tu ne trouves pas d'analogie.

– Tu vois, c'est la différence entre toi et moi. Moi, je me sens insultée d'offrir un jacuzzi.

– *Bullshit asymmetry principle.*

– Quoi ?

– Tu dis une connerie de 10 mots. Il en faut 100 pour la démonter.

– Est-ce que toi, tu installerais un jacuzzi chez nous ?

– Si je dis oui, je suis un beauf, si je dis non, je te donne raison.

– N'empêche que tu n'as pas d'arguments contre, à part le plaisir présumé que ça leur ferait…

– Alors tu vois, on est exactement dans le *bullshit asymmetry principle.*

Il avait lu sur son téléphone la définition de la théorie, autrement appelée « loi de Brandolini », « l'énergie nécessaire pour réfuter les *bullshits* est supérieure d'un ordre de grandeur à celle nécessaire à les produire ».

– Moi, je te parle de la loi du jacuzzi.

– Qui est ?

– Je n'en sais rien. Je ne mettrai pas un rond pour un jacuzzi.

*

Qui offre un jacuzzi offre un Mölkky.

*

Air France veut mon avis sur le voyage. On me demande de répondre à un questionnaire de satisfaction par mail. *Make yourself heard.* Votre avis compte. Racontez-nous votre expérience avec Darty. Sur Instagram aussi, les influenceuses et influen-sœurs veulent qu'on partage notre opinion. Faut générer, fidéliser, alimenter le flux. J'imagine si on appliquait cela à nos relations. Après un rendez-vous, la personne t'envoie un questionnaire de satisfaction. SNCF, Marc, Orange, Emma, Ryanair, tes parents, IKEA, tes enfants, les pompes funèbres, perso, pro, conso, tous à nous envoyer un questionnaire de satisfaction. Il y a aussi le mail qui t'annonce que la communauté Darty a besoin de toi pour répondre à une question sur le micro-ondes acheté le mois dernier : quelle est la longueur du câble ? Je recevrai peut-être un mail de la nouvelle amoureuse de mon mari, Ebba, qui me posera une question sur son utilisation. Va savoir.

*

L'hôtel laisse à la disposition de sa clientèle la presse quotidienne et des magazines aux couvertures tentantes. J'ai pris une revue dont la une annonçait *Amour : les 5 signes d'une relation durable*. Dans l'ascenseur, j'anticipe :

- Être du même milieu social
- L'un des deux adore exécuter les tâches ménagères
- Faire beaucoup l'amour
- L'écoute mutuelle
- Rire ensemble

Une fois sur mon lit, je parcours le magazine et je tombe sur une pleine page de publicité La Française des jeux. *Faire gagner l'égalité des chances* en blanc sur fond rouge. *Et voir la France gagner* en bleu. Une photo représente un homme noir qui aide un homme blanc penché sur un cahier, un crayon à la main. Plus exactement, c'est une publicité de la Fondation de la Française des jeux. *À la Française des jeux, nous soutenons les personnes les plus fragiles*. Je ne sais plus qui m'avait un jour demandé si je savais qu'on appelait les jeux l'« impôt du pauvre ». En bas de la page, est écrit en capitales très très très fines *JOUER COMPORTE DES RISQUES : ENDETTEMENT, ISOLEMENT, DÉPENDANCE,* suivis de trois points de suspension et d'un numéro non surtaxé.

*

« Voler en grand et restituer en petit, c'est la philanthropie ».

Paul Lafargue

*

L'étude sur laquelle s'appuie l'article porte sur 11 000 couples. La conclusion est formelle : la qualité de la relation est plus importante que la personnalité des partenaires. Oui, enfin, a priori, de la personnalité dépend le comportement dans la relation... Comme d'habitude avec les magazines féminins, on nous vend du rêve. Dans les films où le sexe est toujours réussi, on nous vante l'amour dans le couple. La presse féminine prend le relais en nous apprenant à « rebooster la sexualité dans le couple ». Tout nous fait croire qu'il y aurait des recettes à suivre pour que le quotidien, la routine et ton mec redeviennent désirables. Pourquoi nous fait-on croire que passer à cinq rapports sexuels par semaine nous rendrait plus heureux ou plus normaux ?

Ici encore, il faut répondre aux questionnaires. J'adore m'y soumettre pour découvrir mon profil, ma vérité.

Ça commence par :

1. *J'aime avant tout échanger et partager.*

2. *Je connais et j'accepte mes limites et mes lacunes.*

Comme je connais mes limites et mes lacunes, je fais valser la revue à l'autre bout de la chambre. Qui répondrait non à ces deux premières questions? Oui j'aime échanger et pour autant, je n'ai pas parlé à Laurent comme j'aurais aimé le faire. Je ne lui ai pas dit que je me sentais fractionnée depuis son départ, départ que je vivais comme un échec, échec qui n'avait révélé aucune vertu. Le couple quand ça tombe en panne, c'est une belle merde à réparer. Quoi dire à son mari qui tombe amoureux? C'est son droit le plus absolu. Je déplore que l'article ne traite pas plutôt des signes d'une relation non durable. Egoresponsabilité.

*

« Comme Dieu, celui qui a prononcé ces mots: "Je vous aime" a le pouvoir de retirer ce qu'il a donné. »

Nathalie Sarraute, *L'Usage de la parole*

*

Pour me consoler, j'erre sur Insta. Je vais sur le compte de Nif, j'entre dans sa maison sans effraction. C'est ouvert. Les portraits le montrent toujours dans une posture de constipation ou de douleur enterrée. On ne le voit jamais de pied, peut-être parce qu'un chien est en train de déféquer sur ses souliers. On comprendrait mieux l'expression de son visage. Il prend la posture de l'écrivain penseur. Il ne porte pas le fusil en bandoulière, mais le stylo. C'est un intellectuel parisien qui a une maison dans un coin du sud de la France dont il ne donne pas le nom. Il aime bien dire qu'il n'y a pas de Wi-Fi là-bas sans préciser qu'il y a la 4G et même la 5G. De fil en aiguille, j'arrive sur le compte de sa fille, la toute jeune romancière que partout on acclame. Elle s'y affiche avec un acteur. Les deux tourtereaux se sont mariés il y a peu. Je lis les commentaires de félicitations. Une actrice certifiée leur envoie toute une ligne de cœurs rouges. Je clique sur son nom et lis un article qu'elle a posté. Retouchée de partout, elle finit par ne plus se ressembler. On dit d'elle qu'elle assume son goût pour la liberté. Je ne comprends pas cette phrase. J'essaie de la mettre à la négative. Comment serait une personne qui n'assumerait pas son goût pour la liberté ? Est-ce que j'ai le goût de la liberté ? Qui kifferait le goût de la soumission ? Elle raconte qu'elle a dû prendre 10 kilos pour un rôle et que c'est vraiment dangereux. Il lui a fallu rencontrer plusieurs nutritionnistes avant que l'une d'elles accepte. Elle aurait dû m'appeler. Je sais passer d'un 36 à un 40 sans aucune aide. Elle se pesait tous les deux jours. Elle raconte que tout le monde pensait qu'elle était enceinte. Un peu plus loin, elle dit que le métier d'actrice est un métier dur, « il faut être en connexion avec qui l'on est ». Moi qui pensais que le plus difficile était d'exercer un métier où l'on n'est pas en connexion avec qui l'on est. La danse classique lui a donné beaucoup de rigueur. Après son bac, son père lui a demandé de choisir ce qu'elle voulait faire, parce qu'il y en a pour qui tout est possible, elle a répondu actrice. Son secret :

elle vit comme si elle était inconnue. C'est sans doute notre seul point commun.

*

Instagram tue

Instagram nuit gravement à votre santé et à celle de votre entourage

Instagram rend jaloux et provoque des passages dépressifs

Instagram rend narcissique

Votre médecin ou votre pharmacien ne peut pas vous aider à arrêter

Protégez les enfants : ne leur faites pas respirer votre Instagram

Instagram crée une forte dépendance, ne commencez pas

Arrêter Instagram réduit les risques de comparaisons mortelles

Instagram peut entraîner une mort lente et douloureuse

Il n'y a pas de numéro de téléphone pour vous aider à arrêter

Instagram réduit votre temps de vie

Instagram contient de l'ego, du narcissisme, du bien-être, du consumérisme, du formatage et du cyanure de divertissement

Fumer augmente les risques d'Instagram

*

Existe-t-il des Nicorette pour se sevrer des réseaux ?

*

Les avertissements seraient accompagnés de photos de personnes déprimées sur leur canapé, téléphone à la main, et pourquoi pas d'enfants à la recherche du regard de leurs parents.

Jeudi 22 avril
Journée internationale de la terre nourricière

J'admire les gens qui attaquent leur journée. Je compte parmi les peureux qui pensent que la meilleure défense, c'est le repli. Une douche n'y fait rien. Bien au contraire, c'est une agression supplémentaire. Le matin n'est pas une promesse. Il représente le début d'une journée où tout peut arriver. Oriane considère qu'il y a un problème majeur lorsqu'on n'arrive pas à sortir du lit le matin. Je ne l'ai par ailleurs jamais vue sans fard. Est-ce ainsi que naissent les mythes ? Elle est toujours habillée de façon savante et repassée. Le laisser-aller n'existe pas. Les matières sont nobles et la rigueur de mise. C'est peut-être la recette pour tenir debout. L'exigence commence avec soi-même. J'imagine Oriane se crémer les mains le soir dans son lit, après s'être brossé les cheveux, après avoir mis une crème contour des yeux et une autre, anti-rides, sur le reste du visage. Après avoir passé un fil dentaire entre ses dents parfaitement blanches. Après avoir déposé ses sous-vêtements dans une panière de linge en osier, pleine de linge pas sale.

*

Aujourd'hui, je n'ai pas de programme. Je regarde mes pieds et me dis que je devrais m'offrir une pédicure. Depuis que je suis arrivée à Paris, j'ai l'impression de trouver à chaque coin de rue un Bubble tea, une onglerie, un japonais chinois. Si toutefois il fait beau en Bretagne, ce serait bien d'avoir les pieds présentables. En attendant de me décider, je regarde la vie de Bianca Naffe. Son compte est public, mais elle n'interagit qu'avec ses amis. Elle expose sa vie au tout-venant mais ne fait que des blagues d'initiés. Elle ne répond pas à la question d'un inconnu sans réseau, sans influence. Elle poste un mug de thé et 3 000 abonnés mettent un cœur. On avait eu droit à l'Arc de triomphe emballé, évidemment. Sur le selfie où elle porte une robe de bohémienne avec des santiags, tout le monde a voulu connaître la marque. Tout le monde veut avoir le look Rom & Rock de Bianca. Elle n'a pas répondu. C'est son secret, son talent, son style, son identité. L'amoureux de Bianca, oui elle dit « mon amoureux », comme Carla Bruni avec Sarkozy. Donc son amoureux, mon meilleur ami, Christophe n'y apparaît pas, ou seulement de dos. Christophe n'a pas de compte Instagram. Il n'a pas le temps, ça ne l'intéresse pas. Elle lui souhaite pourtant son anniversaire. Elle lui renouvelle tout son amour. Elle poste les cadeaux qu'il lui fait, le gratifiant d'un #monamoureux.

*

Instagram est une grande liste de courses, de spots et de scoops. Entre le Sopalin bioresponsable et la mozzarella écoéthique, se trouvent les vies merveilleuses des autres. Entre la moutarde sans huile de palme et un soutien-gorge sans armature révolutionnaire, on se prend le linge sale qui ne se lave plus en famille, qui s'écrit et qui se vend. Sur l'estrade des gens connus, on s'indigne mieux. Les héros seront toujours les mêmes. Les études montrent que les gens sont plus malheureux après avoir surfé sur les réseaux sociaux.

*

En bonne maso, je vais également faire un tour dans la maison virtuelle de Dauphine Nouffe. Ce qui est vraiment bien, c'est qu'en achetant ses produits on participe à la transition pour la planète. Nouffe nous propose d'avoir la générosité de parrainer un arbre à Madagascar. Chiffres à l'appui : en un an, ce sont 365 arbres parrainés. Un jour, un arbre. On n'est pas loin du slogan des Gazelles : « Gazelle un jour, gazelle toujours ». Je m'inquiète un peu pour les bénéfices de sa société. Je me rassure vite en imaginant qu'elle a dû créer une fondation qui lui permet de défiscaliser. Toutes ces causes qu'on nous fait bouffer. Tous les engagements que les gens connus ou inconnus prennent et donnent à voir. Partout de la communication. Le choix est infini, venir en aide aux sinistrés de catastrophes naturelles, aux victimes de la guerre en Syrie, faire un clip pour s'insurger devant la pauvreté, s'engager contre le RN, écrire une ballade pour sensibiliser aux conditions de vie des enfants des pays pauvres, soutenir la cause des enfants « parce qu'un enfant, c'est innocent », être parrain des enfants victimes d'homophobie, financer des maisons pour les femmes qui en ont besoin, figurer dans des campagnes de prévention sur la perte d'audition chez les adolescents, prévenir le tétanos chez le nourrisson avec une marque de couches, appuyer la cause des femmes dans son clip, s'élever contre les interventions chirurgicales esthétiques chez les jeunes, reverser 1 % de ses droits pour des enfants africains atteints du sida, soutenir le commerce équitable, s'engager pour « la cause noire », protester contre les agressions sexuelles et puis sauver les baleines.

*

Être à Paris et passer la majorité de son temps dans une chambre d'hôtel est peu avouable. J'ai honte, il ne pleut même pas. Il fait même très beau et je suis ramollie. Autant toucher le fond. Revenir à Paris est une chimère. La possibilité de faire me rassure, mais il faut croire que faire ne m'intéresse pas. Pas même une expo. En même temps, ce serait peine perdue vu qu'il faut réserver de plus en plus longtemps à l'avance. La réservation généralisée pour à peu près tout : ciné, musée, restau, visite, stationnement, hôtel, voiture, train, avion, concert, nécessitant une connexion internet, exigeant la création d'un compte, imposant la création de mots de passe avec un caractère spécial, une lettre majuscule, un minimum de 12 caractères et un chiffre, est un fléau contemporain. L'avenir appartient à ceux qui se connectent tôt.

*

Je me suis botté les fesses pour aller dans l'onglerie d'en face. Dans la vitrine, une jolie faute d'orthographe. *Pédicure (nettoyage, l'image, polissage)*. Je prends la photo et tague fièrement d'un #narcissismedespieds. Je m'assois confortablement à côté d'une femme paresseuse. Elle n'a pas la tête à l'envers qui tourne à 270 degrés, mais elle a les mêmes griffes aux mains que ces animaux. Ses ongles longs et pointus font du bruit lorsqu'ils touchent l'écran de son téléphone.

*

Se revoir une fois suffit. On n'a finalement pas tant de choses que ça à partager. On s'est manqués sur le papier. On s'est habitués à ne pas se voir. À se faire des déclarations auxquelles on croyait. Un seul être vous manque et tout est surestimé.

*

Je fuis si on me parle logistique
Je n'organise pas les vacances
Je ne peux pas faire deux choses en même temps
Je n'ai jamais demandé à mon mari s'il m'aimait
Je laisse traîner mes chaussettes
Et si j'étais un homme ?

*

J'ai eu 5 cœurs à ma photo de la faute d'orthographe. Mes deux filles, mon frère, Sophie et Oriane. 5, c'est peu. Je t'aime un peu beaucoup passionnément à la folie pas du tout. Je suis une fourmi dans la hiérarchie de visibilité. Le retour sur investissement est décevant. Les likes ou comment mesurer la misère attentionnelle.

*

Le dernier anniversaire où je suis allée, c'était celui de Jasmine. 50 ans, ça se fêtait. Sa meilleure amie avait voulu faire 50 cadeaux pour l'occasion, disposés dans un gros carton. Ce n'était pas un chippendale, dommage. Chaque offrande était enveloppée dans un papier crépon de couleur. On aurait dit une pêche au canard. C'était censé rappeler les années passées. Une tétine en bonbon, un roudoudou, un 45 tours de Mylène Farmer, une gomme en forme de chaussures en clin d'œil à la collection de gommes qu'elle a faite, un pompon en laine, une barrette avec une poupée collée dessus, tu te rappelles des puces? Une cassette audio, une boîte de croissants à cuire, un col roulé en nylon, un exemplaire de *OK! Magazine*, avec George Michael en couverture, un badge *Touche pas à mon pote*, un scoubidou, un tampon, un préservatif, une crème antirides, une carte bancaire, une clé, un test de grossesse, une grosse bague en plastique, un Malabar, un paquet de Hollywood chewing-gum, une cagoule, un Rummikube, une figurine de Candy, un exemplaire de *Elle* avec Lady Di en couv, une miniature d'une Super 5, une Barbie, une carte d'électeur, un permis de conduire, un paquet de cigarettes… Après, on avait chanté une chanson dont la meilleure amie avait personnalisé les paroles. « Dis-moi Céline, les années ont passé. Pourquoi n'as-tu jamais pensé à te marier ? », de Hugues Aufray. C'était cucul la praline et pire, c'était triste. Moi j'aurais plutôt chanté « Dis-moi Jasmine, les années ont passé. Pourquoi n'as-tu jamais pensé à divorcer ? » Parce que Jasmine était mariée à un gros con. Mais ça ne se fait pas pour un anniversaire, pas plus que dans la vie. On ne dit pas à une amie qu'on n'aime pas son mari. Jasmine était radieuse et comblée de sa soirée d'anniversaire. À la fois maîtresse de cérémonie et nominée pour le rôle principal. Le meilleur décor, la meilleure réalisatrice, le meilleur costume, etc.

*

Je m'endors en faisant le point. L'envie de me défiler. Défiler à la forme pronominale dit le contraire de défiler.

Vendredi 23 avril
Première journée de la semaine mondiale pour la sécurité routière

Je rêve d'un steward qui me souhaiterait la bienvenue et me demanderait quelle est ma destination. Mais à l'agence SNCF de Montparnasse, c'est la queue qui m'accueille, une vraie chenille. Étonnant qu'ils n'aient pas encore pensé à diffuser dans une enceinte hurlante la chanson de la Bande à Basile. « Pose les deux pieds en canard, c'est la chenille qui se prépare, en voiture les voyageurs [...] tout ira bien, et si tu veux, prie la chenille et le bon Dieu. »

Je me mets à la suite sans poser mes mains sur les épaules de la femme devant moi. L'agent qui porte un gilet sans manches rouge *Accueil et information* œuvre à la dissuasion. Il me demande ce que je veux. Il me dit d'aller le faire sur une borne. Ou de changer mon billet depuis l'application. Elle est en rade l'application. Il me conseille de revenir. Plusieurs trains ont été annulés. Il y aura beaucoup d'attente. La dame devant moi répond qu'elle veut acheter sa carte SENIOR. À quel moment entre-t-on dans la catégorie senior ? Ou *silver*. Quand on vieillit, ça devient flou. La loi fixe le seuil de la majorité. Aucune loi par la suite ne fixe celui de la séniorité ou silverité. Avant, on disait comment ? Les vieux ? À quel âge devient-on vieux ?

– selon les mutuelles de santé, 60 ans.
– pour les cabinets de recrutement, 45 ans.
– pour la carte senior SNCF, 60 ans.
– pour les aides sociales, 60 ans.
– pour le marketing, 50 ans.
– pour ma mère, 70 ans.
– pour Air France, 65 ans.
– pour la RATP, 62 ans sans activité professionnelle.
– en athlétisme, 46 ans.
– en cyclisme, 30 ans.
– pour les « mesures-seniors » du ministère du Travail, du Plein Emploi et de l'Insertion, 45 ans, mais pour le « CDD senior », 57 ans.
– pour mes filles, 40 ans.
– selon l'INSEE, 50 ans.
– en gérontologie, 65 ans.
– pour l'OMS, une grossesse gériatrique commence à 35 ans.

Pour la publicité, je suis une consommatrice SENIOR. Les statistiques marketing me mettent dans la case suivante :
– je réside dans un nid vidé de ses petits,
– ce même nid au prêt immobilier remboursé,

– j'ai bénéficié d'augmentations de salaire depuis mes 20 ans,

– j'ai peut-être déjà hérité de feu mes parents.

Tout cela est donc censé engendrer de nouveaux besoins et donc de nouveaux comportements d'achat incluant des croisières sur le Nil, des implants en céramique, une nouvelle cuisine, une voiture plus grosse, des nouveaux seins.

L'espérance de vie pour une femme en France est de 85 ans. Je ne suis plus au carrefour de mon existence. J'ai dépassé le milieu. À 52 ans, je suis une senior, au sens littéral « plus vieille ». Il paraît que c'est subjectif et relatif.

*

En sortant de la gare, je me cale à une terrasse de la rue de la Gaîté, mon billet de train changé pour un départ samedi dans le sac. Je n'ai rendez-vous avec Laurence et Sylvie que dans deux heures. Je dégaine mon Insta .22 long rifle et suis tentée de prendre en photo mon café sur la jolie table ronde pour la poster avec un #Paris #terrasse #bonheur. Nouffe m'a envoyé un message de remerciement pour le changement du nom de compte. Je ne sais par quel truchement, j'atterris sur le site d'une coach en joie. Dans une vidéo, elle me tutoie et me demande si, intuitivement, je sais que je pourrais avoir plus de rires dans ma vie. L'injonction « Déploie-toi » arrive. Elle reconnaît que ce n'est pas facile à dire ni à comprendre la première fois. Son objectif, c'est de me mettre dans l'urgence de vivre. Elle me demande si je l'autorise à parler à mon cœur. Sens-tu dans tes entrailles une envie de danser ? Si l'on t'a fait pommier, c'était pour que tu fasses de belles pommes et non des poires. Mais si j'étais un pommier, je baverais d'envie d'être le poirier. Si j'étais un rosier, je jalouserais le camélia. Et si on m'a plantée ortie ? Peu importe me répondrait la coach en joie, c'est la joie que tu mets à pousser qui est importante. Si tu sais où se trouve ton bonheur, la vie saura où te cueillir. Sois un agent du bonheur. Je regarde les gens passer. À chaque type en laisse avec un chien, je repense à la vision de Pierrot, revoir un homme, être en compagnie d'un chien.

*

L'impression que ma vie est non-événement. Ou alors un grand é-vainement.

*

Insta, Insta, dis-moi qui est la plus belle ?

Et Insta répond : *Ce n'est pas toi, ma naine.*

Tu as une belle maison, mais Blanche-Neige en a une plus belle que toi.

Tu as de beaux enfants, mais Blanche-Neige en a de plus beaux que toi.

Tu as des enfants intelligents, mais Blanche-Neige en a de plus intelligents que toi.

Tu passes de belles vacances, mais Blanche-Neige en passe de plus belles que toi.

On peut décliner les possessions, les loisirs, les attitudes ad vitam. Et on y retourne. On se fait tous blancheneiger. Chacun a sa Blanche-Neige qu'on aimerait faire buter ni vu ni connu dans une forêt domaniale. Mais au fond, on préférerait surtout la voir se planter, qu'elle mange un peu la poussière, qu'elle connaisse un revers de médaille, qu'elle ne retombe pas sur ses pattes, qu'on puisse trouver un peu de justice dans ce bas monde. On aimerait qu'elle montre un peu de lose surtout. Il ne suffit pas d'être heureux, encore faut-il que les autres ne montrent pas qu'ils sont plus heureux.

*

– Camille, mais non, dingue !

Julie, mon ancienne voisine parisienne de la rue de la Jonquière. Elle s'assoit parce qu'elle a de la marge avant son train. Elle dit que le monde est vraiment minuscule et que, justement, elle a pensé à moi en voyant mon post qui annonçait que j'allais à Paris. Je lui demanderais bien pourquoi elle n'a pas liké ma publication. Peut-être parce que je ne like pas les siennes. Elle parle de « synchronicité ». Julie fait partie de ceux qui sont devenus coachs. Le point de départ, c'est toujours une prise de conscience. Je gagne un max dans mon job. Mais j'aspire à plus de sens dans ma vie. Je veux prendre soin de moi et travailler moins. Je me fais licencier. Mon secteur a beaucoup d'argent. Je pars avec un pactole et une formation rémunérée. Je me forme en coaching. Je travaille modérément mais, surtout, je travaille mon réseau. Une fois mon diplôme de coach en poche, je deviens consultante dans le secteur que j'ai quitté. Je continue à me gaver. Comme j'ai pu acheter une grosse maison en Bourgogne, j'y propose des week-ends bien-être. Vu le prix des week-ends, je n'ai que des clients friqués. Et la roue tourne dans le bon sens, c'est-à-dire le mien. Je suis la roue dans l'eau. Je suis la roue, je suis l'eau, je suis l'énergie. C'est comme ça qu'elle est devenue gourou. Elle est de gauche, évidemment. Elle fait partie de ces gens de gauche qui me donnent envie d'être de droite. Son leitmotiv, c'est de rendre les autres aussi heureux qu'elle. Aujourd'hui, elle part justement en Bretagne faire une nouvelle formation. Parce qu'à chaque fois c'est un ROI pour le futur. Elle ne prend pas la peine de traduire Retour sur investissement. La question n'est pas combien ça coûte, mais combien ça va te rapporter. Elle dit « du coup » tout le temps. Elle me parle de sa maison, qu'elle a rénovée. Elle dit « réno », « déco ». Quand on était voisines, elle adorait déjà chiner, je trouvais ça horrible, c'était la seule personne qui chinait du Conforama. Elle abrège beaucoup ses mots. Elle dit « canon » aussi. « Cool », beaucoup. En tout cas, c'est très très cool, même si c'est énormément de taf. Elle s'excuse pour sa voix un peu cassée. Son talon d'Achille, c'est sa voix, qu'elle perd trois à quatre fois par an. Je me dis qu'au moins ça lui permet de fermer un peu sa gueule. Elle continue, elle dit que Mâcon, c'est une ville assez *kids friendly*. Quand tu viens de Paris franchement, c'est le top. Elle regarde enfin sa montre et doit filer. Mais oui, file, file donc !

J'ai bu un café et pourtant j'ai l'impression d'avoir ingéré trois vodkas et deux Spritz. Julie m'a bien soûlée. Il y a finalement pire qu'Instagram, il y a le miroir aux alouettes en vrai, en live, en chair. Julie et sa vie mode d'emploi.

*

Moi aussi je pourrais devenir coach. La coacherie n'a plus de limites. Coach en séduction. Coach pour coachs. Coachs d'éducation canine. Coachs de bonne humeur. On n'essaie même pas de trouver un terme français. On dit « coach ». Quelle serait la traduction ou l'équivalent ? Un coach est une diligence fermée comportant deux portes latérales. Un coach est une personne chargée de l'entraînement d'une équipe. Un coach est donc quelqu'un qui entraîne pour faire gagner une équipe. Coach est pourtant devenu quelqu'un qui entraîne pour faire gagner un individu.

*

Sinon, je pourrais devenir instagrammeuse à l'image de Nouffe ou Naffe. Je serais contre :
– les féminicides
– le cancer du sein
– l'extrême droite
– la prostitution
– l'esclavage
– l'inceste

– la *fast fashion*
– les prédateurs sexuels
– la pornographie
– le mal
– le temps qui passe trop vite

J'aurais un compte en sucre glace. Léger, de bon goût, de bon ton, moralisateur sans en avoir l'air. On n'y trouverait pas l'ombre d'une malice, d'un mauvais sentiment à l'égard de mon prochain – à part Macron, Marine et PPDA dont je ferais une tribune CONTRE haut et fort. Je n'aurais évidemment que des followers acquis à ma cause. Ils seraient d'accord avec moi, ils seraient tellement touchés par mes mots, faut dire, je le dirais si bien. On me demanderait « où as-tu acheté cette robe flamboyante qui te va si bien ? ». Je répondrais « chez @Faustine ». Je dirais attention à la *fast fashion*, oui, c'est vraiment pas cher, mais c'est mal. Mal pour les gens, mal pour la planète. J'expliquerais qu'il faut acheter éthique et responsable. Les mains croisées devant mon beau visage, j'utiliserais des mots désuets. Je dirais combien il est tentant de s'achalander chez H&M. Je parlerais du coût social payé par des femmes et des enfants à l'autre bout du monde. Moi, je gagnerais tellement d'argent qu'on m'offrirait des fringues. J'ignorerais que la frustration cause des envies de compensation. Je baladerais mes Louboutin et mes pantalons en toile de jean fabriqués en France sans colorant chimique à 380 euros. Je donnerais aussi des conseils pour mieux manger. Le vitaliseur dont la vapeur révolutionnaire permet de garder les aliments vivants serait un absolu. Je conviendrais qu'il a un coût, mais qu'il en vaut le coup. Oui, je n'hésiterais pas à faire des jeux de mots.

*

La mobilité douce, la vapeur douce, les médecines douces, la sodomie douce.

*

« Pour vivre heureux, vivons cachés. »

Jean-Pierre Claris de Florian. Jean-Pierre, ça fait tellement XXe siècle. Pourtant, le type est né le 6 mars 1755.

*

Pour vivre heureux, vivons montrés. Pour mon anniversaire, j'en ferais des caisses. Je ferais un selfie au naturel, remercierais pour tous les messages merveilleux et je préciserais que j'ai passé une année de rêve, des cheveux blancs et des rides en plus, mais plus on est de fous, plus on rit. Oui, j'aurais de l'humour. Mon message sera bien entendu un vœu, parce que remercier publiquement pour son anniversaire, c'est rappeler aux oublieux ou aux ignorants qu'ils ne me l'ont pas souhaité. Je recevrais une quantité de messages, *trop belle*, *beauté*, émoticône flamme, *on se voit quand?*, *c'est quoi votre secret?* Je répondrais, comme Arletty, que « la meilleure crème de beauté, c'est la bonne conscience ».

Pour l'anniversaire de ma fille, je m'adresserais à elle à la deuxième personne du singulier. Une photo flatteuse de nous ensemble. Ou plusieurs. *Tu es la plus merveilleuse fille. Je t'aime. 18 ans déjà. #Madatepréférée.* Je ne raterais pas une occasion pour poster des photos du *tout de ma vie*, ses premiers pas, à vélo sans les roulettes, son entrée au collège, son brevet mention très bien, son bac, son départ en stage à l'autre bout du monde. J'aurais une toute petite pensée pour ceux qui ont une progéniture décevante.

Pour l'anniversaire de mon amoureux, je posterais une photo de notre couple glamour.

Pour la mort de quelqu'un de connu, je parlerais de moi.

Pour la mort d'un proche inconnu de mes followers, ce serait une ellipse. On ne saurait pas qui est mort. *Ceux qui savent savent.* Les ignorants comprendraient qu'il y a de la peine, du chagrin, de la douleur, de la tristesse (l'émoticône cœur noir serait de mise). Comme je serais humble et discrète et peinée, je n'en dirais pas plus pour montrer que je suis humble et discrète et peinée.

Pour mon mariage, après vingt ans d'amour, je commencerais par des indices. Je ferais monter la sauce. Ceux qui ne sauraient pas balanceraient des *trop hâte de savoir* et émettraient des suggestions. Les initiés enverraient des messages de connivence. Une amie chanteuse ferait une publication pour dire qu'elle a deux amis qui se marient. Elle posterait une photo de nous. Ça deviendrait viral. Les gens feraient part de leur joie avant et témoigneraient de la belle fête incroyable que c'était, après. On célébrerait chez Benoît, un ancien avocat d'affaires qui a repris le restaurant de son grand-oncle. Benoît serait un homosexuel sans fioritures. Tellement sans fioritures qu'on le prendrait pour un hétéro. Il aimerait les salles des ventes. Les vins qu'il proposerait seraient des nectars produits par des amis vignerons. Ensuite, les invités publieraient pour dire qu'ils en étaient. Puis, tous les ans, je ferais un post d'anniversaire de mariage.

*

« Tu te rappelles, on s'était couchés sur un millier de fourmis rouges. Aucun de nous deux n'a bougé. [...] Est-ce que quelque chose a changé ? Couchons-nous sur les fourmis rouges pour voir si l'amour est resté et voir si l'un de nous deux bouge, couchés sur les fourmis rouges. »

Bien avant d'avoir expérimenté la fin de l'amour passionnel ou physique, j'ai découvert les chansons de Michel Jonasz. Celle-ci me bouleversait déjà à 20 ans et pourtant, qu'est-ce que j'y connaissais à l'usure du couple ? Je n'avais même pas eu de modèle parental puisque mes parents n'avaient pas eu le temps de faire le test. La mort, ça cristallise l'amour.

*

Temples funéraires, temples de la sagesse, temples de la victoire, temples de l'amour, temples de marchands.

Ces comptes Instagram sont des temples et nous sommes une masse de fidèles devant eux.

*

J'ai eu des nouvelles de Delphine, enfin. C'est faux, j'ai pris des nouvelles de Delphine parce qu'elle n'en donne jamais. J'ai fait l'expérience de ne plus lui écrire pendant trois mois. Elle ne m'a pas souhaité mon anniversaire, ni la bonne année, rien. C'est cruel que les gens qu'on aime puissent vivre sans nous. Elle répond très vite, elle pose même des questions, qui appellent donc un échange. Et puis au troisième aller-retour, elle ne répond plus, elle n'ouvre même pas le message. C'est elle qui donne la cadence de notre relation. Si je suis honnête, j'ai bien conscience que je fais la même chose avec d'autres personnes. Je n'en suis pas fière. Je ne dirais pas que je ne les aime pas, mais je les tiens à distance en ne répondant pas tout de suite. Est-ce que, comme en amour, on peut dire qu'en amitié il y en a un qui aime et l'autre qui s'ennuie ? Je vérifie la phrase de Balzac qui n'est pas exactement celle-ci. Elle est plus triste encore : « En amour, il y en a toujours un qui souffre et l'autre qui s'ennuie. » Carrément. Disons qu'en amitié on peut couper court à une relation plus rapidement qu'en amour parce que, en amitié, on n'a pas de vie commune (ou plus rarement), on n'a pas d'enfant ensemble, pas de compte joint, simplement une histoire commune, des sentiments, des amis en commun, des preuves d'amour, des anniversaires fêtés, des vacances, des soirées, quelques photos qui en témoignent sur le frigo et des milliers d'autres dans notre téléphone. Une rupture amicale peut faire aussi mal qu'une rupture amoureuse. Quand elle apparaît, c'est qu'il y avait des signes avant-coureurs évidemment, qu'on n'a pas voulu voir. L'amitié est-elle aveugle ? Peut-on tromper en amitié ? Est-il question de désir en amitié ? Est-ce que l'amitié, c'est l'amour sans la sexualité ? Les amis de nos amis sont-ils nos amis ?

*

La relation amicale n'est pas une relation transitive, pour laquelle une suite d'amis reliés consécutivement aboutirait à une relation entre le premier et le dernier. L'amitié est bien souvent une « relation binaire non transitive qui est donc une relation pour laquelle la propriété universelle ci-dessus est fausse, c'est-à-dire qu'il existe un élément en relation avec un deuxième qui lui-même est en relation avec un troisième, sans que le premier soit en relation avec le troisième : c'est le cas de l'orthogonalité de droites, par exemple ». (Wikipédia)

*

Antipathie n. – Sentiment inspiré par l'ami d'un ami.
Ambrose Bierce, *Le Dictionnaire du Diable*

*

Le monsieur d'à côté profite du départ de Julie pour me prendre à témoin de Paris qui s'encrasse, des grèves, etc. Les gens disent ça. Que ce n'est plus la plus belle ville du monde. Qu'il ne fait plus bon y vivre. Je ne sais pas quoi en penser. Il me dit que dès qu'il aura fini de travailler, il ira prendre sa retraite à l'étranger. Quelle horreur la France ! Je lui dis que moi, je fais l'inverse, je rentre en France. Il ne comprend pas. J'ai envie de lui dire que c'est facile de fantasmer un pays quand on le voit avec des yeux de touriste. Je voudrais qu'il arrête de me parler. Je ne peux pas partir, j'attends Laurence et Sylvie, qui arrivent à point.

Nous sommes heureuses de nous retrouver. Nous étions collègues lorsque j'avais un autre emploi que celui d'organisatrice d'anniversaire surprise. Justement, Laurence et Sylvie sont invitées à une fête d'anniversaire surprise déguisée. Décidément. Elles me précisent que le thème, c'est « l'œuvre ou l'artiste ». L'*anniversée* est une artiste. C'est son mari qui a eu l'idée. Ainsi, elle sera, par défaut, déguisée en artiste.

– Nicolas va se déguiser en Van Gogh avec un sparadrap sur l'oreille et un peu de sauce tomate séchée.

Sylvie jubile. Elle adore ce genre de soirée où l'on a l'occasion de se faire remarquer. Elle attend que Laurence et moi demandions et toi ? Elle frétille, retient son effet. Laurence craque la première.

– Et toi ?

– Moi, en Marianne !

Je ne réagis guère, je suis en train de me dire que je pourrais lancer un thème déguisement pour l'anniversaire de Bianca.

– Vous ne me demandez pas la Marianne de quel tableau ?

– Vas-y, dis-nous.

– *La Liberté guidant le peuple* de Delacroix !

– Mais alors, un sein nu ?

Elle fait mine qu'elle ne dira rien de plus.

Je googlise le tableau. Je lui demande si elle va garder les poils sous les bras, même si je sais que Sylvie est épilée définitivement au laser depuis belle lurette.

– Elle va se coller des poils, se marre Laurence.

Pour Sylvie, une soirée déguisée, c'est comme une élection de Miss France, c'est un concours, quitte à voler la vedette à la fêtée. Et puis elle craque, elle nous montre sur son téléphone les seins gonflables qu'elle a trouvés sur myplaisir.com. D'après le site, *jolis boobies,* la *paire de seins gonflable en PVC* est *le cadeau idéal pour un enterrement de vie de garçon ou de jeune fille, pour un anniversaire ou tout simplement pour une soirée entre amis.* Laurence dit qu'elle n'a pas encore pensé à son déguisement :

– Moi, j'avais plutôt envie de me faire belle, porter ma robe noire et mes pompes dorées. Toi, tu es en couple, c'est différent.

– C'est toi la féministe qui dit ça ? Au contraire, un déguisement, ça permet de ne pas draguer sur un critère physique uniquement. Tu seras sûre qu'un mec qui viendra te parler n'en voudra pas qu'à ton décolleté.

– Dit la nana qui va avoir un sein à l'air !

– Un faux sein ! Non, mais sérieusement, bien sûr que tu peux draguer déguisée ! Tu peux être déguisée et séduisante. Le problème, c'est plutôt qu'il faut des célibataires dans la salle…

– Une soirée déguisée, c'est même donner leur chance aux moches quand t'y penses.

Sylvie me remercie pour cet argument.

Tout à coup, j'ai une idée pour Laurence.

– Tout en noir, Soulages. Comme ça, tu la portes ta robe noire, tu troques tes escarpins dorés contre des noirs et hop, le tour est joué.

Laurence dit que ce n'est pas con.

Sylvie raconte qu'elle a hésité avec une Vierge à l'Enfant, mais ça voulait dire se taper un poupon en plastique toute la soirée, c'est pas pratique et si t'as plus l'enfant dans les bras, on n'a plus la référence.

– Est-ce que tu crois qu'il y aura une Frida Khalo ?

– Bah côté ego, faut y aller avec la moustache et le monosourcil…

– Et le fauteuil roulant.

– Inès Rodriguès elle peut frisou frisou.

Sylvie fait mine de se rouler les extrémités d'une moustache imaginaire.

– Elle peut aussi faire *L'Origine du monde*.

Nous rions autour de nos bières. Mes amies m'avaient manqué.

Laurence dit qu'elle craquerait pour un raboteur de Caillebotte, torse poil avec un rabot. On est d'accord, c'est un super déguisement si tu es bien gaulé. On se dit que globalement, pour les femmes, c'est quand même beaucoup à poil. On cherche des tableaux de femmes habillées. On tombe d'accord sur *La Jeune Fille à la perle*, mais on dirait qu'elle est en chimio, c'est horrible. On se dit qu'il y aura des crâneuses en danseuse de Degas. On imagine les branleurs qui ne seront pas déguisés, et qui feront une mine d'effroi dès qu'on leur fera remarquer pour finalement répondre Munch, *Le Cri*. Ou encore Banksy, vu qu'on ne sait pas à quoi il ressemble. Laurence finit par dire que si elle avait un mec, elle aurait aimé faire la petite fille au ballon cœur et son mec aurait fait l'homme au bouquet de fleurs à la main, un foulard sur la bouche et la casquette retournée de *Love is in the air*.

Je trouve l'idée très belle.

*

Sur le chemin, je m'arrête dans une agence immobilière. Je dis que je cherche une location, un F1. Habiter Paris me semble être la meilleure solution, parce que c'est là que vivent mes amis. C'est un point de départ comme un autre. L'agent immobilier me regarde sans enthousiasme. Je crois bien que je suis une grosse raciste des agents immobiliers. Je ne les aime pas. Je les trouve idiots ou manipulateurs ou menteurs ou incompétents, avec des tics de langage ridicules. L'agent finit par me faire asseoir. Il va « faire une fiche ». Je précise que je ne veux pas d'orientation nord. « Vous savez avec le réchauffement climatique, le nord, ça deviendra le sud bientôt en valorisation d'exposition. » Je ne veux pas de chauffage électrique. « Vous savez avec le réchauffement climatique, on ne chauffera bientôt plus les appartements. » Il prend ma demande du bout des lèvres. L'annonce pour laquelle j'ai franchi le pas de la porte de son agence n'est plus d'actualité. L'appartement est déjà loué. Il n'a rien pour l'instant. Il me demande si j'ai déjà visité beaucoup de biens. Je réponds honnêtement que je commence ma recherche. Il a l'air de me prendre encore moins au sérieux.

*

Dans ma chambre, je fais le point sur les réponses des invités. Il n'en reste plus qu'une qui n'a pas confirmé, mais elle n'a pas de compte Instagram. Tous les autres ont répondu présents. Je mets les photos sur *50 whishes* à mesure qu'on me les envoie. Elles sont toutes merveilleuses. Les gens ne commentent pas, ils mettent un cœur. Ce compte est trop intimiste pour avoir envie de se mettre en avant.

*

Si j'étais sociologue ou anthropologue, je nous interrogerais sur nos publications en demandant pour chaque photo, pourquoi celle-ci ? Qu'avez-vous voulu dire avec cette image ? Dire qu'on y était, vouloir en être, intégrer un groupe en commentant de la façon la plus drôle possible des publications de gens dont on veut se faire remarquer. Pathétique ou pas ?

*

Instagram, cet asile qui donne à voir ce qu'on aimerait donner à dire.

*

Je pars déjà demain et je n'aurai pas vu tous ceux à qui j'avais promis de faire signe. Tous ne sont pas sur les réseaux et n'ont pas vu le post de mon jus de tomate Air France.

Quand nous habitions Brive, des amis étaient venus dans la région sans nous le dire. Nous l'avions appris grâce (ou à cause) d'un groupe WhatsApp sur lequel un ami avait plaisanté sur leur goût pour le cochon cul noir. Je m'étais demandé la raison de leur silence. De leur mensonge par omission. En pratique, je m'en fichais de ne pas les voir. En théorie, j'avais trouvé ça bizarre. Ça dénotait un malaise, mais lequel ? Leurs autres amis avaient une maison plus spacieuse ? Ils savaient qu'ils n'auraient pas le temps ? Mais alors, un message qui aurait dit « on vient à Brive, mais le programme est complet », ça aurait été mieux non ? Je m'étais même imaginée qu'ils nous avaient vus et s'étaient cachés. Mon questionnement m'avait fait penser aux embrouilles de couple du style « tu ne m'as pas demandé si je voulais venir au week-end à la montagne. Mais tu n'aimes pas marcher. Oui, c'est vrai, mais ça m'aurait fait plaisir que tu me demandes quand même. Mais tu serais venue? Non, mais ça m'aurait fait plaisir que tu aies envie que je vienne». Comme il y a des scènes de la vie conjugale, il y a des scènes de la vie amicale. On ne fait pas de thérapie entre amis et pourtant. En amitié aussi, il y a ceux qui aiment plus, qui donnent plus, ceux qui sont bourreaux, ceux qui sont victimes, il y a ceux qui gagnent, ceux qui perdent, ceux qui admirent, ceux qui sont admirés. Le problème avec l'amitié, c'est le polyamour. On n'est forcément pas exclusifs. On a plusieurs partenaires. Peut-il y avoir infidélité en amitié? Le fait qu'ils n'aient pas dit qu'ils venaient à Brive, était-ce de l'infidélité?

*

«Nos amis nous trompent tous les jours. Avec d'autres amis.» Georges Perros, *Papiers collés II*

*

Du chahut dans la rue me fait me lever de mon lit. Depuis la fenêtre, je vois une bande de petits loulous, dont on sent qu'ils cherchent la connerie à faire. Deux d'entre eux se chauffent de façon agressive. Je me demande comment je me défendrais si jamais on venait me chercher des noises. Je ne me suis jamais battue, Dieu merci. Ça fait comment de donner un coup de poing? Faut-il du sang-froid? Est-ce un réflexe de frapper en cas d'agression? Faut-il de la rage en soi? Je mordrais. Si je devais attaquer, je mordrais. Comme un chien, comme une chienne. Comme un enfant à la crèche. Je mordrais jusqu'au sang.

*

Si vous avez faim, buvez de l'eau.

*

Depuis mon arrivée à Paris, je tais l'envie d'envoyer un message à Antoine. Nous nous sommes rencontrés dans un dîner d'amis communs l'été dernier. Il est jeune, il a 37 ans. Est-ce qu'on est sérieux à 37 ans ? Laurent n'était pas présent à cette soirée et Antoine et moi étions les seuls « célibataires ». Nous avions fait un bout de chemin ensemble en sortant. Le lendemain, il m'avait demandé comme amie. Depuis, nous échangions de façon ambiguë. Il avait écrit qu'il regrettait que j'habite si loin. J'avais été flattée. Nous nous étions envoyé des morceaux de musique que nous aimions. Je me souviens du premier message qui souhaitait *bonne nuit Camille*. Je crois que j'avais rougi. Souhaiter bonne nuit, c'est un pas vers l'intimité. Ça n'a rien à voir avec souhaiter bonne journée. Par ailleurs, j'avais aimé qu'il n'écrive pas belle nuit. Et puis, il y avait mon prénom. Dans « bonne nuit Camille » coulait le miel et la fleur d'oranger. Nos échanges me faisaient plaisir. Il était jeune, il était loin. La virtualité est rassurante. Nous avions fini par espacer nos messages, n'ayant aucune perspective en commun.

Ce soir, je réalise que je suis déçue qu'il n'ait pas rebondi à ma publication annonçant mon séjour parisien. Si le sociologue m'interrogeait sur la raison de ma publication du jus de tomate du vol Copenhague-Paris, je répondrais: « Pour qu'Antoine la voie. »

*

C'est toujours de l'autre que l'on attend une validation, une réponse à « qu'est-ce que je vaux ? ». L'Oréal répond à cette question lancinante par un shampoing restructurant, enrichi en protéine de quinoa doré, fournissant une réparation instantanée.

*

Bonjour Antoine, de passage à Paris, si tu as le temps d'un café, ce serait avec plaisir.

*

Albane Tombale, fille de son intellectuel médiatique de père, Paul-Pierre Tombale.

Albane raconte dans une interview à un magazine féminin qu'elle est affranchie et libérée de ce que l'on peut penser d'elle. Elle est une figure publique, a décidé d'en jouer et de se moquer de ceux qui les moqueraient elle et son père. La petite fille de riche à l'enfance difficile fera tout de même des études de philosophie malgré des turbulences liées aux drogues (le magazine préfère dire *psychotropes*) et deviendra lectrice pour la maison d'édition Posom-Tombale. Elle rencontrera l'amour une première fois, mais ce ne sera pas le bon. Le bon, c'est celui avec qui elle ira parcourir le monde pour se consoler de l'échec du premier. Ils ont connu le dépouillement. La journaliste met en valeur leur si petit budget. Deux troubadours des temps modernes emplis de joie et d'espérance. « Une aventure authentique avec un grand A. » Y aurait-il donc des aventures authentiques avec des petits a ? Elle ne dit pas « école de la vie », mais « école de l'ascèse ». Un délestage permanent. T'choupi et Dora l'Exploratrice ont vu un monde chaleureux où l'humanité est omniprésente. Et l'anecdote de tout le village qui les accueille et leur offre du riz gluant. Ils sont revenus enrichis de tous ces pays pauvres où les habitants sont heureux avec une orange et où les enfants jouent au foot pieds nus. De retour en France, ils font des gosses qui portent des prénoms des années 1930, des prénoms que les gens normaux donnent à leurs chiens. Leur chien, lui, s'appelle Gérard. Ils trouvent ça tellement drôle. Elle confiera au magazine que leur force, c'est leur envie commune de rire même quand ce n'est pas drôle. Et ça, mine de rien, c'est un sacré tip qu'elle donne aux lectrices, le rire, ce philtre d'amour éternel. Elle vit au vert depuis le Covid. Une photo la montre avec un fichu sur la tête. Elle a les joues rouges du bon air de la campagne. Elle a hérité de la maison de famille (*tellement de souvenirs, ça avait un sens de revenir ici*). Elle nous explique comment c'est la campagne. Évidemment, elle se rend régulièrement à Paris pour son travail. Et puis l'heure est grave, elle parle du climat, on ne se rend pas compte, nous qui rigolons et regardons des séries débiles, nous qui avons la télé, nous qui n'achetons pas responsables au supermarché, nous qui n'habitons pas le Perche. Dora, tolérante, dit « chacun à son rythme ». Cette année pour Noël, elle a recyclé de beaux tissus pour envelopper ses cadeaux. On imagine son mari recevoir une cuillère en bois dont elle a écopé elle-même la pulpe. Avec une jolie écharpe qu'elle lui a tricotée au coin du feu tout l'automne. Une autre photo l'expose devant un gros poêle rustique. Avoir une maman suédoise ou anglaise est un plus. Ça donne un côté bucolique tarte aux fleurs plus authentique. Elle adore cuisiner pour les autres. L'importance de comment on se nourrit soi et sa famille. La cuisine est la pièce centrale de la maison – les enfants y dessinent ou y font leurs devoirs. Un vieux Togo en cuir, une Pipistrello par là, mais elle n'est pas matérialiste. À Paris, son pied-à-terre (90 mètres carrés) se situe dans le 9e arrondissement. Elle y a ses amies profs de yoga, céramistes ou potières, coachs, masseuses et restauratrices. La fin de l'article dit qu'elle aime bien faire des rencontres #sororité.

*

Je me demande comment on devient un mythe. Nicorette.

*

Ding ding ding. Je me redresse et prie le ciel pour que ce soit la réponse d'Antoine. Selon une étude, la sonnerie de notre téléphone ferait exactement la même chose à notre cerveau que lorsque quelqu'un prononce notre prénom. C'est Clarisse qui me propose de déjeuner. Elle a vu que j'étais à Paris. J'aime beaucoup Clarisse. Nous avons été expatriées ensemble à Rome. Mais c'était elle qui bossait et son mari qui était conjoint-suiveur. Ils sont rentrés en France depuis longtemps. Nous avions l'habitude de nous retrouver pas loin de son bureau piazza Maria Teresa. Elle picorait sa salade de poulpe grillé et j'engouffrais ma pizza. Le poulpe était vraiment cher. Je culpabilisais de dépenser alors que Laurent « gagnait très bien notre vie » comme il aimait à le dire. Je savais qu'elle ne prendrait pas de dessert. Elle répétait qu'elle se gavait de bonbons et de gâteaux, mais jamais n'en mangeait devant moi. Je ne prenais pas de dessert non plus, faisant le calcul qu'un paquet de biscuits à 2,60 euros au supermarché était plus intéressant qu'un tiramisu à 8 euros. Nous pouvions pourtant faire preuve d'une sincérité absolue l'une envers l'autre. Clarisse se réjouit sincèrement d'une bonne nouvelle pour les autres. Il faut dire qu'elle n'a pas été habituée à se comparer. Elle semble être née avec tout. Du récit fascinant des origines à la cohérence de son parcours personnel. Pour ma part, j'ai exercé l'observation des autres très tôt. Ce que je ne faisais pas, ce que je n'avais pas, ce que je n'étais pas.

*

Antoine n'a pas lu mon message. Je décline gentiment l'invitation de Clarisse, parce qu'on ne sait jamais et que même sans rendez-vous avec Antoine, je n'ai pas la force de voir une amie radieuse.

Samedi 24 avril
Journée mondiale des animaux de laboratoire

Pour mon dernier petit déjeuner à Paris, je m'offre Le Select. La terrasse est décevante. Elle est très bruyante. Le soleil n'est pas au rendez-vous. Il est mort le soleil. Et je me demande de quoi parle la chanson de Nicoletta dont je ne connais que le refrain et le titre. Je la trouve et l'écoute. Le mot « mort » revient 10 fois. Elle dit que « l'amour et le soleil, c'est pareil ». Elle est glauque avec des envolées godiches comme : « Dans mon cœur, la pluie et mon âme s'habille de gris. » J'ai vérifié si Nicoletta était morte. La mort et Nicoletta, c'est pas pareil. Les journaux titreront sans doute « Il est mort le soleil » quand elle mourra. Ou « Mamy blue ». Ou encore : « Nicoletta n'est blue » prononcé avec un accent portugais. J'ai mis en boucle la chanson et regardé des photos d'elle. Moi aussi j'aurai des rides de fumeuse autour de la bouche. Je reprends une Nicorette. Je pense Nicoretta. Il est mort le tabac. Quel enfer d'arrêter de fumer ! Avoir l'hygiène parfaite et si ça se trouve, mourir renversée par un camion.

*

Une voiture klaxonne un type sur une trottinette électronique, sans casque, écouteurs dépassant de ses pavillons d'oreilles qui roule au milieu de la route. Le cycliste conspue le piéton, l'automobiliste, le trottinard et le motard. Le piéton conspue le cycliste, l'automobiliste, le trottinard et le motard. Etc. Une ronde, une équation dans laquelle, selon son mode de transport, on se met à haïr l'autre qui devient parasite. Il faudrait peut-être aux voitures différentes sonneries à l'instar de celles des téléphones. On pourrait ainsi klaxonner gentiment en mode carillon.

*

On n'a plus besoin de quitter Paris pour voyager. On peut acheter ses clopes dans un tabac asiatique, manger des sushis dans un restaurant chinois, déguster un mochi japonais après un massage thaïlandais, déjeuner d'une crêpe bretonne cuisinée par un Srilankais à Montparnasse, voir des touristes dans un tuk-tuk conduit par une femme de l'Est aux dents d'argent, observer des touristes chinois acheter un porte-clés tour Eiffel fabriqué en Chine.

*

Pour l'Institut du cerveau, l'architecte Pierre Riboulet a dessiné une fenêtre supplémentaire à hauteur du lit.

*

Dans la rue, je tombe sur l'affiche d'une pièce de théâtre qui se joue en ce moment. L'actrice refaite et méconnaissable de 65 ans y pose en Jeanne de Lamarre. Elle arbore un grand décolleté dans une robe un tiers de rouge deux tiers de noir et porte aux pieds des bottines lacées. Je reste un moment devant la colonne Morris à contempler l'anachronisme du botox et du XIXe. Je passe devant une enseigne d'opticiens. Dans sa vitrine, un écran géant fait défiler les avis Google. Éric Morel a mis 5 étoiles et conseille ce *vrai commerçant de quartier au très bon accueil et à l'écoute des clients.*

*

Et puis il y a ce message qui ouvre grand le sourire, un baiser envoyé comme une effraction heureuse et malicieuse au milieu de ce qu'on croyait être la grisaille. Antoine me donne rendez-vous *si ce n'est pas trop tard* pour déjeuner.

*

Est-ce une bonne idée ?

*

Je lui propose un café vers 14 heures. Un déjeuner est trop engageant si toutefois on n'a rien à se dire. Je me prends une formule dans une boulangerie avec un flan en dessert. On pourrait résumer la vie à « tout ce qui est bon est mauvais », le sucre, le tabac, le chocolat, l'alcool, les crêpes, les crêpes au Nutella, les babas au rhum, les boules coco, les éclairs au chocolat, les éclairs au café, ceux à la vanille aussi, le saucisson, les Chipster, les cacahuètes, la viande, la sauce, le pain blanc trempé dans la sauce, surtout ne mangez pas sucré le matin, pic de glycémie, cholestérol, tumeur, pontage, biopsie, peur, peur, peur, peur… Avant, on vendait grâce au mot « avec ». C'était plus, donc c'était mieux. Mais comme le consommateur sait maintenant qu'il mange du caca, l'industrie alimentaire communique avec « sans ». C'est en moins et c'est mieux. Maintenant, on réalise qu'on mangeait bel et bien de la merde vu tout ce qui est enlevé des produits – au passage, on se demande bien par quoi ces ingrédients du diable ont été remplacés. J'ai par exemple acheté dernièrement des lardons *SANS NITRITE, Grâce aux Extraits Végétaux et Antioxydant.* Qui comprend cette explication aux majuscules imposantes et hasardeuses ? Un jour, ce sera pareil pour les actrices, on affichera « sans botox », « sans chirurgie », Madonna « sans Madonna ». J'ai vu une photo d'elle. Rien n'est moins sûr lorsqu'on voit la femme maquillée, aux allures de trentenaire, qui ne ressemble pas du tout à Madonna. Un sosie serait plus ressemblant. Amanda Lear plus ressemblante.

*

Je rentre au Bon Marché et me déleste de 58 euros pour une bougie Dyptique. La vendeuse m'en tend une déjà emballée après m'avoir reprise : « Opopanax ». Moi j'ai dit Opanpanax. Rouge écarlate, je lui dis que je n'ai pas la carte du Bon Marché. Il n'y a rien à faire, je ne ressemble pas aux clientes dont les maisons font la une des magazines de décoration. J'ai encore du temps avant de retrouver Antoine. Je me promène avec mon joli sac cartonné à la main. Je croise un couple sandwich. Mais un bon sandwich, hein. Ils portent chacun un tee-shirt *There is no planet B* pour elle, *WE SHOULD ALL BE FEMINISTS* pour lui. Je me demande si c'est le vrai, le Dior « doté d'un col rond et d'une silhouette casual facile à associer », qui « complétera une multitude de tenues au fil des saisons » à 750 boules. Ça fait cher le *girl power*. Est-ce que le tee-shirt *We should all be rich* existe ?

*

Quand j'étais adolescente, la marque Benetton me faisait rêver. J'ai un souvenir très fort de la joie procurée par un pull rose Benetton reçu pour l'anniversaire de mes 16 ans. Il coûtait vraiment très cher pour la bourse de ma mère. Je me souviens, trente-cinq ans plus tard, de l'emplacement de la boutique dans la grande ville où nous n'habitions pas. Des filles du lycée étaient habillées de pied en cap de la marque italienne qui faisait la publicité d'un chapelet de peaux colorées, des yeux bridés, des Noirs, des Arabes, des Inuits, des Islandais, des Indiens, des cheveux roux dans des pulls rouges ou vert pomme ou orange, des pantalons de velours ultra pigmentés, des manteaux, des écharpes, des gants. Tout, absolument tout de cette marque m'était désirable. Je me rappelle avoir découpé des images dans le petit catalogue promotionnel récupéré dans leur boutique. J'en avais recouvert mon agenda et les couvertures de mes cahiers. Je n'étais pas politisée, je n'avais pas le badge « Touche pas à mon pote ». Je n'avais pas de pote arabe ou noir ou étranger. L'étranger pour moi, c'est celui qui arrivait en car au bahut depuis son bled à 15 bornes de notre petite ville provinciale. C'était mon plouc. J'aurais donné mon corps pour United Colors of Benetton.

*

À la librairie, je découvre qu'il existe parmi les prix littéraires nombreux et variés celui du titre. Le prix du titre est décerné par un hôtel 5 étoiles à Saint-Tropez.

À quand le prix de la fille de ?

*

J'ai un message de Christophe qui me souhaite bon voyage. Il m'assure que je vais bien m'entendre avec André et me précise qu'il n'a pas annulé la réservation de ma chambre d'hôtel. Je le remercie. Faut-il que je lance un brainstorming entre les invités pour une idée cadeau ?

Que reste-t-il à organiser? J'ai l'impression d'avoir un emploi fictif.

*

En me rendant au café, je passe devant un salon de coiffure au nom improbable. Pas de photographies, pas de slogan capillaire. Un salon dans son jus, presque crado, à deux pas du jardin du Luxembourg. À l'intérieur, une jeune coiffeuse qui sèche des cheveux de mémés un peu roses et gonflés pour faire croire qu'il y en a encore assez. Je reste un moment à me demander si la nana est totalement avant-gardiste, rebelle ou provocatrice à ne pas avoir joué le jeu de mots vu, vu et revu avec tif. Ou bien elle n'a rien compris. *ATTENTIVE.*

*

J'ai un message d'Antoine qui m'annonce qu'il est en retard et un autre de Nadège, la femme du meilleur ami de Laurent. Nadège est une *friend in law*, comme disent les Anglais. Une amie par alliance. Elle me demande comment je vais. Je me demande quoi lui répondre. Nadège et moi, c'est une amitié circonstancielle et comme les circonstances ont changé… Le dernier week-end passé avec eux était un week-end vélo. Elle voulait être avec son mec, mais elle ne voulait pas faire de sport. Ils étaient en gestion permanente de conflit. Un couple merdique, c'est du pain bénit pour l'harmonie des autres. «Je ne sais pas comment il fait. Dieu merci, tu es moins chiante qu'elle. » Tu es heureuse, ton mari te compare et te préfère. Il y en a même qui sur-jouent le bonheur conjugal. Celui qui vient passer une main dans le dos de sa femme et lui dépose un bisou sur la tempe. Ils s'exposent en couple témoin. Il y a bien des appartements témoins. Et le couple qui se sépare, ça fait quoi à part mettre le bazar et faire éclore des conflits de loyauté ?

*

La question. Oui la question, c'est de savoir si tu es actrice de ta vie. S'il ne devait y avoir qu'une question, ce serait celle-là. Je le sais grâce au monde merveilleux des podcasts.

*

Il faut bien avouer qu'il y a des gens qu'on met dans nos spams. Il y a des chances que Nadège et moi, on finisse en « pourriel » (mélange de poubelle et courriel) l'une de l'autre, à savoir une communication électronique non sollicitée.

*

Le calendrier n'est plus qu'un chapelet de fêtes. À ce rythme, dans quelques années, on parlera du matin de la prostate et de l'après-midi des zones humides. Celle que je redoute le plus, c'est Octobre rose avec son ruban. Que fait le marketing ? Rose alors que les vendeurs de peintures nous vendent du Elephant's breath, Dead salmon, Mole's breath, Peignoir, Babouche, etc. Qui saurait dire la couleur de Babouche ou de Peignoir ? Dead salmon, on a une petite idée, d'ailleurs Octobre rose pourrait se rebaptiser Octobre dead salmon. Une cause, une couleur, un décor à mettre sur sa photo de profil pour quoi ? Pour sensibiliser ? Moi, ça me terrorise. Un mois entier à se sentir menacé aux caisses de supermarché par un ruban rose dans un sachet qu'il est convenu d'acheter. Sensibiliser. On pourrait nous sensibiliser à la connerie, à la médiocrité, à l'humour.

Alors pour la journée internationale de la terre nourricière, qu'on pourrait colorer de Elephant's breath ou Mole's breath, notre Nouffe veut nous alerter. Elle nous supplie, elle nous conjure d'arrêter de consommer à tort et à travers. Elle rappelle que le bonheur, ce n'est pas de posséder une grosse voiture. Elle philosophe et pose la question : honnêtement, quel produit changerait votre vie ? Elle précise et reformule : quel produit changerait VRAIMENT votre vie ? Moi je répondrais bien un sac Isabel Marant, des bottines La Gardiane, une crème anti-rides La Mer, mais j'avale ma salive. Elle a raison, ça ne changerait pas vraiment ma vie. Elle a dû faire latin en option la Nouffe parce qu'elle enfonce le clou à coups de locution latine : aujourd'hui, on voudrait tout *hic et nunc* – qui ne sont pas des noms de cochons d'Inde d'un quelconque Disney, non, *hic et nunc*, ça veut dire « tout et tout de suite ». Elle finit sa publication en nous implorant de ne pas nous rendre dans les centres commerciaux, mais plutôt en forêt. En tout cas, elle,

elle y sera, avec son amoureux et ses bottes en plastique Hunter à 200 boules et son bonnet mi-alpaga mi-poils de chèvre élevés en plein air et son pardessus Agnès A, parce qu'il n'y a pas de planète B. Et comme à son habitude du samedi, elle nous conseille un livre, aujourd'hui, c'est relire Giono et ressentir la mélodie du monde. Rien que ça.

*

Instagram, c'est un putain de Jokari. Je suis une balle en caoutchouc attachée à un socle par un élastique qui, après avoir été frappée, revient. Instarissable.

*

Et Antoine, que je ne guettais plus, est devant moi. Antoine avec un chien. J'adore Antoine, je veux dire le prénom Antoine. Je l'aime autant que je déteste Anthony. Je ne pourrais pas tomber amoureuse d'un Anthony. Je ne sais pas dire d'où me vient mon aversion pour ce prénom. Antoine, c'est beau, c'est doux. « Il y aura un homme avec un chien ». On se fait la bise. Il s'assoit à côté de moi, la configuration de la terrasse ne permettant pas de se faire face. Socrate entre nous. Il lui va bien ce chien. Nous voilà en position de spectateurs du cirque de la rue. On se met de biais sur nos chaises pour pouvoir se regarder. Je commande une menthe à l'eau, il prend une grenadine. On aurait dû acheter des Granola pour parfaire notre goûter. J'ai envie de fumer.

Nous échangeons gentiment alors que je me demande si je serais capable de me montrer nue à Antoine. Il part bientôt en Bretagne. Non, jamais je ne pourrais être nue devant lui. Ah pour habiter, quelle chance. Justement j'y vais aussi. Non pour dépanner, on pourrait dire ça oui, pour dépanner. Il déménage cet été. Où serai-je cet été ? Je pourrais l'embrasser. Ses lèvres paraissent sucrées. Il n'a pas changé. Il rit de sa crise de la quarantaine.

– Tu as 40 ans ?

– Dans quatre jours.

Il n'est pas si jeune finalement, 40, ce n'est pas 37. Si j'avais su, je lui aurais fait un cadeau. Je louche sur la bougie Popopanax, Opopanax, Popoxanax emballée pour André. Non, ce serait un cadeau qui ne voudrait rien dire.

– Tu restes combien de temps ?

– Je pars en fin d'après-midi.

Il ne dit rien. Nous regardons les gens autour de notre silence qui s'installe.

– Et tu reviens ?

– En fait, je pense revenir m'installer à Paris.

– Tu rentres quand je pars.

– C'est toi qui pars quand je rentre.

Nous nous sourions.

– Mais d'ailleurs, qu'est-ce que tu fais de ton appart ?

– Je vais le mettre en location.

– Il est où, c'est quoi la superficie ?

– Laisse tomber, c'est trop petit, il n'y a qu'une chambre.

– Justement, je cherche trop petit avec une chambre.

Antoine me semble être la définition d'adorable. Je lui trouve une implantation de cheveux un peu décevante. Je ne l'avais pas remarqué lors de notre première rencontre. Mais j'aime qu'il commence à avoir des cheveux blancs. Je n'ose pas lui demander s'il part vivre en Bretagne pour retrouver une femme aussi jeune que lui avec laquelle il fera des balades vivifiantes en bord de mer et boira un thé fumant en rentrant avant de faire l'amour passionnément. Es-tu actrice de ta vie ? Bah nan, je suis figurante ou *background character*. Je rentre à Paris parce que c'est là que j'ai le plus de chances de retrouver un travail, c'est là que la plupart de mes amis vivent. Je n'arrive pas à dire à Antoine que mon mari est tombé amoureux d'une autre. J'ai l'impression que je ferais pitié. Et comme disait ma tante Lucette, « mieux vaut faire envie que pitié ». Il paraît qu'il est plus facile de trouver un nouvel emploi quand on est déjà en poste. Parce que répondre à la question « Pourquoi avez-vous quitté votre dernier emploi » est délicate quand la réponse est « parce que je me suis fait jeter ». On a une plus grande confiance en soi quand on n'est pas au chômage conjugal. Parce qu'on est plus désirable qu'un candidat sans emploi.

– Tu veux venir le visiter ?

– Non, je n'ai pas le temps.

C'est sorti un peu sèchement. J'ai essayé de me rattraper tant bien que mal, mais j'ai rompu le charme. Je pourrais me raviser, regarder ma montre et puis dire que finalement, ok, allez, un aller-retour rapidement. Mais je m'obstine. Mes marges d'erreur sont des soustractions continuelles. Auto-sabotage. Je lui demande s'il pourrait m'envoyer des photos et le prix du loyer. Je quitte Antoine comme je quitterais un agent immobilier qui m'aurait proposé un bien au-dessus de mes moyens. Il insiste pour m'inviter.

– La prochaine fois, ce sera toi.

*

Le prénom Antoine obtient une note moyenne de 5/5 sur 394 notes déposées par les internautes. Les porteurs du prénom Antoine attribuent quant à eux une note moyenne de 4,3/5 à leur prénom (834 votes).

Source : www.journaldesfemmes.fr

*

Nicorette par 12. Nulle, je suis nulle. Je m'en veux. Pas le temps. J'avais pourtant le temps. Dans son livre *Le Mystère des voix intérieures*, Hélène Loevenbruck dit que notre voix intérieure, précieuse alliée pour s'encourager ou se consoler, ne change pas avec les années. « La pratique de la parole intérieure contribue à nous donner une sensation d'identité, à construire l'illusion d'une constance de soi, le sentiment que nous sommes toujours la même personne, depuis notre naissance. » Peut-être que c'est ça mon problème. Ma parole intérieure inchangée continue à me dire que je suis nulle.

*

Je rentre par le jardin du Luxembourg. Je suis aussi triste que le manège, sans mauvaise musique ni spots lumineux. C'est le plus ancien manège de Paris construit sur les plans de Charles Garnier. Je regarde tourner les chevaux blancs, bruns et noirs, les cerfs, l'éléphant, les girafes, les nacelles. Le forain, après le coup de cloche, fait redémarrer le convoi. Les parents font des signes et sourient à leur progéniture inquiète ou aguerrie à la petite séparation. Je pense à mes filles. Elles aimaient les manèges de mauvais goût – musique de fête foraine et pompon, promesse d'un tour gratuit. Ici, ce sont des anneaux qu'il faut attraper avec une sorte de glaive. J'observe une petite fille au regard perdu qui n'essaie pas de faire passer la bague géante au bout de son bâton qu'elle tient pourtant tendu. Les garçonnets ont l'air plus enclins à jouer avec leur objet au symbole de puissance génésique. Qui se souvient de « Tournez manège ! », le jeu télévisé matrimonial sponsorisé par Télé Poche ? Les candidats, séparés selon leur sexe – c'était une chose facile et binaire à l'époque –, se posaient mutuellement des questions. À la fin, le couple se découvrait à l'ouverture de la porte du manège. Le moment que je préférais, c'était « Duo sur catalogue » dans lequel un mari et sa femme devaient choisir chacun de leur côté un article sur des pages de catalogue. Si le choix était commun, alors ils remportaient le lecteur DVD, le magnétoscope, la lampe de chevet, les 6 verres en Arcopal.

*

Je boucle ma valise et je fais la ronde du message que je pourrais écrire à Antoine. J'attends tes photos avec impatience, es-tu célibataire ? Ça m'a fait plaisir de te voir, j'embrasse tes lèvres grenadine. Je voudrais que ce soit lui qui m'écrive en premier.

*

Y a-t-il plus désespérant qu'un téléphone silencieux ?

*

Comme il pleut, je prends le métro pour me rendre à la gare. Je me cogne la correspondance au long couloir roulant. Nous marchons dans des couloirs qui roulent. Une fois dans le TGV, je peux enfin me poser. Un jour, il faudra payer pour voyager assis. Pousser encore le curseur pour faire encore des bénéfices. Toujours plus. Je voyage dans un carré côté couloir, ma hantise. Quand l'application fonctionne, on te fait croire que tu peux choisir ton emplacement, mais en seconde classe, tu n'as le choix qu'entre carré ou indifférent. Les deux revenant donc au carré. Mais qui veut voyager en carré à part une famille ? En première classe, tu peux réellement sélectionner ta place et même le sens de la marche si ça te chante.

*

Je descends du train après avoir vérifié ma mise discrètement. Je ne sais même pas si André a une compagne. Je sais que la mère de Bianca est décédée : c'est le sujet de son livre. Je ralentis le pas. Nicorette. Je l'aperçois au bout du quai. Je le reconnais parce que Bianca poste une photo d'elle et lui à chaque fête des pères. Le genre sur un voilier ou avec un plateau de crustacés et même sur un voilier avec un plateau de crustacés. Des photos qui ressemblent aux publicités Ralph Lauren, des photos chic, intemporelles et intergénérationnelles qui disent « on est beaux, on a du fric, on est heureux et, en plus, on est bronzés ». André a d'ailleurs un petit air de Ralph Lauren, en plus décontracté. Un Ralph Lauren en espadrilles. Il porte un pantalon de toile jaune moutarde et une chemise en chambray bleu. Les cheveux blancs et la peau dorée. Je me demande si lui aussi a jeté un œil dans son rétroviseur avant de se rendre à la gare.

*

André a une vieille Volvo break, celle qu'on voit dans tous les films d'auteurs français. La seule voiture qui vieillit bien. Je le trouve beau. Lorsqu'il met la clé dans le contact, une chanson que je n'identifie pas joue ses dernières notes. Et puis je reconnais immédiatement les premières de la chanson suivante, Leonard Cohen, « I'm your man ». Je me liquéfie sur le siège en velours beige. Leonard chante de sa voix d'outre-tombe

If you want a lover I'll do anything you ask me to / And if you want another kind of love / I'll wear a mask for

you / If you want a partner, take my hand, [...] */ Or if you want to take me for a ride / You know you can / I'm your man...*

Cette chanson est tellement romantique que je suis très embarrassée. Je veux tout, un amoureux, un partenaire, un tour, un autre genre d'amour. Il me demande si je connais le coin. Il s'excuse pour les poils de chien, il a un teckel poil dur pas encore épilé qui en met partout. « Il y aura un homme avec un chien. » Plus exactement, il dit « on a un teckel ». Au premier feu rouge, je me demande si l'on nous imagine père et fille. Mais personne ne nous regarde, et il fait presque nuit.

*

J'enlève mes chaussures avant de pénétrer dans la grande maison. Quelle idée saugrenue. Cette maison n'est pas un temple, dit-il, alors que Toscane tire sur les lacets de mes baskets. Toscane est une adorable chienne couleur sanglier qui me lèche les mains quand je m'accroupis pour la caresser.

– Depuis que sa maîtresse est partie, c'est un vrai pot de colle.

Il me montre ma chambre à l'étage et propose de me laisser m'installer tranquillement. Toscane ne veut pas sortir. Je n'ai pas osé dire que je préférais l'hôtel réservé par Christophe. J'assure que la chienne ne me dérange pas. Il m'attendra dans le salon.

J'ouvre la porte-fenêtre qui donne sur un petit balcon surplombant la mer. Chambre avec vue et salle de bains attenante. Je suis soulagée d'avoir des toilettes pour moi toute seule. Housse de couette en lin rose pâle, rideaux en lin coquille d'œuf, serviettes de toilette en nid-d'abeilles groseille. Je suis sans doute dans la chambre rose si cette demeure nomme les chambres que je soupçonne nombreuses. Dans la jolie salle de bains, je jette un œil au miroir et aux produits de beauté disposés dans une petite armoire vitrée. Un lait hydratant Dr Hauschka, un flacon Eau du Gantier, des cotons… La penderie de la chambre renferme quelques vêtements de bonne facture. Je m'assois sur le lit et Toscane m'y rejoint d'un saut brusque. Je ne sais pas si elle en a le droit. Quelle situation étrange. Nicorette.

*

J'entre dans le salon au mélange d'ancien, de design et de nomade avec ma bougie emballée. Je lui tends mon offrande. Il remercie, il ne fallait pas. Il rit et dit que c'est illisible. Je suis soulagée de ne pas être la seule à lire Opopanax de travers. Il pose la bougie sur la table basse et l'allume. Moi, pour ne pas user mes bougies parfumées, je ne les fais pas brûler. La compagne d'André est décoratrice. Elle est d'ailleurs en Inde en ce moment. Elle dessine des collections et les fait réaliser par des artisans du monde entier. Elle a une petite boutique à Saint-Astre.

– Laure a hérité du gène du voyage.

Moi, du gène de la gêne. J'ai l'air conne avec ma petite bougie dans cette énorme demeure de décoratrice.

Il me demande ce que je veux boire, s'assure auparavant que j'ai dîné. D'un sandwich triangle et de Kinder Bueno, s'il savait. J'ai envie de répondre: «Comme vous.» Mais je réponds bêtement: «Un verre d'eau.» Il sourit. «Une bière?» Je lui rends son sourire. «Une blonde.» «Allez, j'en ai.» Il revient avec deux bières et un verre. Il me tend la mienne et porte la bouche au goulot de la sienne, il préfère les brunes. Je me détends un peu dans le fauteuil à oreilles moelleux.

– Alors, nous avons une semaine pour finaliser l'anniversaire surprise de Bianca, c'est plus qu'il n'en faut! Demain, on a un gentil Noroit de 15 nœuds, idéal pour pousser jusqu'à l'île de Césannes.

Je comprends qu'il parle de la sortie en bateau. Alors que je m'apprête à préciser que je ne sais pas naviguer, il poursuit.

– Christophe m'a dit que vous n'avez pas le pied marin, ne vous inquiétez pas, vous ferez la propriétaire!

– La propriétaire?

– C'est ainsi que l'on appelle la personne assise qui ne fait rien.

Il me tend un livre sur l'île. Je me demande ce que Christophe lui a raconté d'autre sur moi. Un téléphone sonne, il s'excuse et sort du salon, suivi par Toscane. Toscane, c'est beau. J'imagine que c'est la région natale de la mère de Bianca qui était italienne.

Je feuillette le livre. Césannes a une forme de nénés et sa plage, à marée basse, laisse apparaître un ventre de sable blond. Autrefois, elle accueillait des moines d'un ordre mendiant de type contemplatif. Ils vivaient d'aumônes et la coutume locale voulait que les marins de retour d'un périple en mer viennent leur offrir leurs restes. Certains riches du coin s'y sont fait enterrer. Pendant la Seconde Guerre mondiale, elle est occupée par les Allemands et sera bombardée à la Libération, puis déminée avant d'être ouverte aux visiteurs. S'y trouvent des espèces rares comme les pingouins torda et les guillemots de Troïl qui nichent dans une partie protégée et interdite d'accès. On trouve aussi le pouillot véloce, le pipit maritime et le pipit farlouse. Je n'ai retenu que les noms rigolos. Je referme le livre que je garde sur les genoux au cas où André reviendrait et je scrute la déco du salon. Dans le foyer d'une cheminée, se trouve une ribambelle de bougies Trudon et Baobab au format XXL. André a eu la délicatesse de ne pas y noyer la mienne. J'adore cette maison. Je pourrais devenir la belle-mère de Bianca. J'embrasserais à pleine bouche son père devant elle. Laure serait morte de la dengue en Inde. Je ferais le caprice de vouloir me marier. André la déshériterait. Christophe la quitterait. Mais Bianca aurait sa marraine qui serait une bonne fée. La citrouille se transformerait en Volvo XC90 AWD GT 8 Ultimate, une mouette en chauffeur, des lézards en gardes du corps, ses Birkenstock en Stiletto, un enchantement qui ne finirait pas à minuit. Christophe la reprendrait. Elle me pardonnerait, moi sa marâtre, car la bonté de Bianca est sans pareille. Parce que tout sourit à Bianca. Biancacaca. Et moi qui fais la bonne fée à lui organiser sa fête d'anniversaire surprise.

André revient. Il y a un souci pour demain, il doit se rendre chez sa sœur qui a besoin de lui. Il est désolé. Moi, soulagée. Il me dit que je vais pouvoir en profiter pour visiter Saint-Astre. Les tennis classés de terre battue, Le Grand Hôtel qui n'en est plus un, sur la Grande Plage, l'école de voile, la pâtisserie fantastique, peut-être croiser les quelques Astriens connus mais discrets, parmi lesquels l'actrice qui ne vient quasiment plus, on dit qu'elle est très malade. Puis André propose d'aller dormir. Demain sera une belle journée. J'aimais bien qu'il me raconte des histoires. Je ne sais pas si mon père me lisait une histoire le soir.

*

Dans la chambre rose, je me couche comme une princesse. Je me brosse les dents sur le balcon en écoutant la mer. Elle semble avoir des choses à me dire. Je prends mon téléphone et découvre un message d'Antoine dans lequel il me donne l'adresse de son appartement et précise qu'il prendra des photos demain à la lumière du jour. Je relis l'adresse deux fois. 13 rue du Rendez-Vous, dans le 12e arrondissement. Encore un 13. Je m'endors en tournant les pages d'un livre qui retrace l'histoire de Saint-Astre prêté par André.

*

André est un prénom issu du bas latin, nom d'un des apôtres : il s'agit d'une forme gréco-latine, dérivé anthroponymique du mot grec ἀνδρ- (andr-) « homme, mâle ». Mon amie Agnès aime demander partout autour de nous « Pourquoi tu te sens homme ? Pourquoi tu te sens femme ? » On s'amuse à chercher une réponse. Personne n'a de réponse.

Dimanche 25 avril
Journée mondiale pour la sauvegarde du lien parental

Dans la cuisine, je découvre le mot d'André posé sur une petite assiette en porcelaine à côté d'une corbeille contenant un pain au chocolat et un croissant.

Chère Camille, nous te laissons la maison et la mer. Fais comme chez toi, nous revenons vite, bonne journée.

André et Toscane

PS: les clés sont sur la porte et ton déjeuner est dans le frigo.

Il me tutoie. Je me sens comme une petite fille dont le papa aurait préparé le petit déjeuner avant de partir travailler. Je passe une main sur mon tee-shirt à la recherche de la sensation du coton pelucheux du pyjama en pilou-pilou de mon enfance. Je m'assois, bouleversée. Enfant, je rêvais du papa de la série *Papa Poule*. Je me rappelle le générique entraînant qui ressemblait à la musique d'un numéro de cirque. La série, qu'on appelait alors « feuilleton », passait sur Antenne 2. Ce n'était pas un mannequin le papa, mais plutôt un type à tête sympa avec des cheveux bouclés. On peut revoir le premier épisode sur Internet, intitulé : *Comment on devient un Papa Poule…* C'était en 1980. Le premier épisode a été diffusé un mois après la mort du mien. Le père et ses enfants circulent dans un camion WW et louent une maison à Montreuil. Je pense à la chance de Bianca d'avoir eu un père, d'avoir un père. Leonard Cohen n'a pas chanté « I'm your dad ». Je mange le pain au chocolat comme Boucle d'or le petit bol de soupe dans la maison des trois ours.

Je pourrais immortaliser l'instant sur Instagram. Mais Bianca me suit, elle reconnaîtrait sa maison de famille, même si, en y réfléchissant bien ou même très peu, Bianca ne doit pas regarder mes publications.

Il fait un temps magnifique, j'aère la chambre rose, refais le lit rose, me sèche dans la serviette rose après ma douche et sors découvrir Saint-Astre. La grande maison se trouve boulevard du Récollé parmi d'autres grandes maisons. J'ai lu hier que le développement des stations balnéaires de la Côte d'Émeraude est intimement lié à celui du train, lui-même relié à la mode des bains de mer. À l'époque, pour rendre une ville du littoral attractive, il fallait le chemin de fer, un grand hôtel, un casino, une promenade, une église plus spacieuse… Aujourd'hui, le goût de Saint-Astre, c'est l'absence de gare, un hôtel minuscule, nulle part un manège pour les enfants. On imagine cela dit que s'il en existait un, il serait aussi triste et désuet que celui du jardin du Luxembourg. Des chevaux décolorés sur lesquels monteraient des Anguéran, Albéric, Briac, Amicie, Bérénice, un glaive en bois à la main, à essayer d'y accumuler des anneaux prophétiques. Il fut un temps avant guerre où Saint-Astre comptait 35 hôtels. Ils ont été transformés en habitations. Les Astriens se gardent bien d'avoir un lieu branché ou quelque animation originale sur la commune afin de ne pas retenir les touristes. Saint-Astre, c'est l'anti-Saint-Tropez. On laisse le sac Chanel à Paris. Pas de yachts, mais des voiliers, a minima des catamarans. On ne s'y montre pas. On s'y distingue.

La Côte d'Émeraude ainsi nommée pour la couleur de son eau m'a surtout l'air ici d'évoquer celle des pierres serties à l'annulaire des résidentes. Je découvre le Grand Hôtel qui fut un hôtel de luxe. Je pense à l'hôtel de Balbec d'*À l'ombre des jeunes filles en fleurs: Et quand la voiture arrivait près de la porte, le concierge, les grooms, le lift, empressés, naïfs, vaguement inquiets de notre retard, massés sur les degrés à nous attendre, étaient, devenus familiers, de ces êtres qui changent tant de fois au cours de notre vie, comme nous changeons nous-mêmes, mais dans lesquels au moment où ils sont pour un temps le miroir de nos habitudes, nous trouvons de la douceur à nous sentir fidèlement et amicalement reflétés.*

Je passe devant les tennis de terre battue aux allées fleuries. L'impression que je vais voir sortir des femmes en jupette plissée Jean Patou avec le turban de tulle assorti. Un couple habillé en blanc prépare le terrain pour les prochains joueurs. Lui passe le filet, elle balaie après lui les lignes. Plus de cent ans que le tennis-club est là, immuable. La station tout entière a l'air d'être restée figée à la Belle Époque. Saint-Astre comme un décor de cinéma.

*

J'ai longtemps cru que l'expression « sens dessus dessous » s'écrivait « sans dessus dessous ». Ce qui ne veut pas dire la même chose.

*

Je ne croise ni Noir, ni Arabe, ni Chinois. Pas plus que je ne croise un short au revers plus court que les fesses, ou un nombril au-dessous d'un crop top. La boutique Trois avril est ouverte. C'est forcément celle de la compagne d'André puisque c'est la seule échoppe de décoration. Une natte en palmier tissée à la main rebrodée de laine, des carreaux de ciment portugais, des cuillères à épices en bois de citronnier, des babouches et des terres cuites du Maroc, des suspensions genre sombrero du bonhomme Pépito de Thaïlande, des foutas de Tunisie, des paniers en feuilles de doum à pompon personnalisés *Love Saint-Astre*. Une jeune fille me demande si elle peut m'aider. Je réponds que je regarde. Comme sur Instagram, je regarde ce qu'on me montre. Je complimente pour m'excuser de ne rien acheter. La jeune fille qui n'a que moi comme cliente m'explique que la plupart des objets sont fabriqués par des femmes dans des pays pauvres. Je ne suis pas étonnée. Quelle générosité. C'est beau l'altruisme des riches. Je demande pourquoi Trois avril. C'est la date d'anniversaire de la créatrice. Laure est donc un Bélier. « La femme Bélier n'est pas une grande discrète. Elle est intelligente, fonceuse et tranchante comme une épée. De prime abord, la native possède une assurance énorme et se montre apte à affronter n'importe qui, à débattre d'art, de politique ou de philosophie, selon son domaine de prédilection. » Ça donne envie d'être une femme Bélier. Les horoscopes ne s'encombrent pas avec le genre des signes astrologiques. Personne ne s'y est encore offusqué du masculin qui l'emporte. La Brebis serait plus discrète, moins intelligente, moins tranchante qu'une épée, elle serait le pompon du manège... Le *concept store* propose également tout un tas d'accessoires, coussins, gobelets en plastique pour le bateau. Alors que j'en saisis un avec Césannes écrit dessus, la jeune fille me précise que ce sont les noms des plages du coin. C'est là qu'André voulait m'emmener. Puis je regarde un tee-shirt portant l'inscription *Je peux pas j'ai Deum*. La Deum, c'est la boîte de nuit : la Demeure.

– C'est votre première fois à Saint-Astre ?

Elle dit « première fois » comme si elle me parlait d'une première étoile filante ou d'un premier baiser. J'avoue et finis par conclure que tout est très beau. Je fais un grand sourire avant de remercier et partir.

Toute première fois / toute toute première fois / pourquoi ces mots / si forts si chauds / qu'ils gémissaient sur ta peau / te font l'effet d'un couteau ? / Et tu recherches dans le vague / une ombre, un sourire qui soulage / une voix sans image / un refrain qui voudrait crier / toute première fois / toute, toute première fois toute toute.

J'erre dans Saint-Astre avec la chanson de Jeanne Mas dans la tête. Je décide d'aller sur la plage. Je passe devant la pâtisserie, devant le PMU. Je suis surprise qu'il y ait un PMU. Un bien moche en plus.

J'assiste à la sortie de la messe. Je m'attarde un instant devant l'attroupement. À l'approche des petites vacances scolaires, on se demande qui sera là, quels enfants, quels petits-enfants. Les enfants de Bérénice et Benoît seront inscrits d'office au stage de voile et aux cours de tennis. Ça fait partie du package. Comme la messe, c'est un lieu de rencontres et de partage. On met ses fiches à jour. On se chuchote que le petit Jean-Eudes est bien vilain. Le couple de Bérénice vacille : on dira simplement qu'elle vient seule à Pâques parce que Charles travaille beaucoup. On y cherche aussi des rumeurs de vente de maison, il y en a si peu sur le marché. C'est pour les enfants. Ils ont envie d'avoir la leur et puis c'est un investissement sentimental aussi. Je regarde ce petit théâtre avec la mer comme décor et le quatrième mur, ce mur imaginaire situé sur le devant de leur scène, les séparant eux, les acteurs, de moi, la spectatrice.

*

J'envie les croyants avec leur paradis et le type qui les attend avec son trousseau de clés. Croire. C'est un cercle vicieux ou vertueux de croire ou de ne pas croire. Comment croire quand on ne croit pas ? Peut-on se convaincre de croire qu'il y a un sens à tout ça ? Je ne comprends pas les sereins de la vie. Comment peut-on être rassurés de la vie ?

*

La plage est immense avec la mer retirée au loin. Nous, on n'allait pas à la mer. On n'avait pas de maison de famille. On n'avait pas de Volvo. On n'avait pas de commodes Louis je ne sais combien avec les photos du bonheur dessus dans des cadres dorés. Je pourrais écrire mon enfance à la forme négative. « L'enfance, ce départ imposé », disait Henri Calet. On n'avait pas de piano. On n'habitait pas une grande ville. On n'habitait pas au bord de la mer. À la forme positive, on avait une maison, on avait une cocotte-minute. On avait une télévision. D'ailleurs, on regardait l'« Eurovision ». On avait même le 45 tours de Marie Myriam. Ma mère faisait super bien le pain perdu. On cueillait les jonquilles et le muguet dans les sous-bois. C'était les seules fleurs coupées qu'on avait à la maison. Je n'ai jamais vu ma mère s'offrir des fleurs. Plus tard oui, avec un brin de culpabilité parce que dépenser ses sous en fleurs, on ne lui avait pas appris. Ma mère a grandi à la campagne et n'a connu ses premières vacances qu'en mai 1968. Elle avait un emploi la semaine et retournait travailler à la ferme le week-end et les vacances. Pendant les grèves, il n'y avait pas de bus pour rentrer. Ma mère n'a pas peur des vaches. Moi, oui. J'ai peur de tant de choses.

Depuis la plage, je m'amuse à chercher la maison d'André. Je la trouve, majestueuse avec ses pierres de taille. On y voit une grande terrasse au-dessus de laquelle je reconnais mon balconnet. La maison de mon enfance donnait à la voiture et à la chaudière la meilleure place, à savoir le rez-de-jardin, qu'on appelait le « sous-sol » bien qu'il soit au même niveau que le sol. La cuisine, le salon et les chambres se trouvaient au premier. Dis-moi comment tu construis ta maison et je te dirai qui tu es. On était des provinciaux qui ne déjeunions ni ne dînions dehors. Mes grands-parents paysans n'avaient pas de terrasse ou de jardin et pourtant beaucoup de terrain. Ils avaient une cour qui ne servait qu'à vaquer. On travaillait à l'extérieur, on se reposait à l'intérieur. J'ai découvert les salons de jardin, les transats et les chiliennes chez les autres. La propriété d'André a son propre accès à la plage par un escalier métallique. Je pourrais remonter par là, mais j'imagine que le portillon est fermé. Je ramasse un coquillage rose que je glisse dans ma poche après en avoir observé la nacre délicate. Je m'arrête sur un os de seiche qui ressemble à une petite madone enveloppée de blanc. Je pousse jusqu'à l'eau. Je croise des couples amoureux. Je croise des deux et je suis une. Je ne suis plus un multiple de deux selon la définition mathématique. Je suis le plus petit entier naturel impair. J'envoie un message à Sophie. L'impression d'être une et nue. Elle répond que le chiffre un est un point de départ. Je décide de rentrer. Je n'ai aucune idée de l'heure de retour d'André. Je suis tentée de visiter la maison, mais je n'ose pas. Je m'installe sur la terrasse depuis laquelle les couples sont devenus des fourmis. J'imagine la fête d'anniversaire de Bianca. Leur joie à se retrouver, d'être ensemble, de rire ensemble.

La fête d'anniversaire surprise accroît l'intensité des préparatifs. Tout le monde communie dans le secret. Il faut faire attention à ne pas gaffer. Le jour J, on racontera les coulisses en faisant des « Oh » et des « Ah ». Ceux qui ne s'amuseront pas feront semblant.

*

On trouvera, comme dans toutes les fêtes :
– celui qui boit trop
– la femme de celui qui boit trop
– les invités modèles qui aident au service
– les amis des amis qui se rencontrent
– les danseurs qui dansent sans le savoir comme des vieux
– ceux qui veulent la chanson de leur jeunesse
– ceux qui dansent le rock à la versaillaise
– la femme du mari qui drague ouvertement
– celui qui n'est pas venu, qui ne vient jamais
– l'invitée célèbre qui est venue, le plus beau cadeau

*

Antoine vient de m'envoyer les photos. Je lui envoie la mer en retour. L'appartement est lumineux. Je zoome sur les objets. Une bibliothèque, une table ronde tulipe, quatre chaises dépareillées, une tasse de café, une table basse, des murs blancs, une housse de couette vert canard, des pommes dans une assiette, *Télérama* sur la table basse, une affiche des Monty Python, une serviette de bain couleur taupe. Je ne me lasse pas de zoomer chaque détail qui finit en pixels flous. Je ne vois pas de traces féminines dans cet appartement. Je ne peux pas lire la tranche des livres. Il y a un cartable au pied du bureau. Antoine est prof d'histoire-géographie. Dans le reflet du miroir de la salle de bains, j'aperçois un pan de sa chemise. Je n'ai aucune photo d'Antoine. Il n'est pas sur les réseaux sociaux. Laurent non plus. J'ai déjà essayé d'y trouver Ebba, en vain. J'imagine que c'est mieux ainsi. Je « suis » Stéphane, mon autre ex, sur les réseaux. Il a l'habitude de publier un cliché de lui et de sa femme pour leur anniversaire de mariage. Sur la dernière, ils étaient en maillots de bain. L'image était terriblement bien choisie. Son épouse est magnifique. On dirait Jane Birkin et Serge Gainsbourg dans leur jeunesse. Ou plutôt Michel Piccoli et Romy Schneider dans *Les Choses de la vie*. Encore mieux, Romy Schneider et Alain Delon dans *La Piscine*. Je crevais de jalousie en entendant Laurent en partance pour les courses me demander depuis la cuisine s'il fallait racheter du papier W.-C. Les commentaires affluaient sous la photo. Mon commentaire, je l'avais crié à mon mari : « Je ne sais pas, tu n'as qu'à regarder. » Sa femme, cette beauté brésilienne, ne devait pas faire caca. Elle avait paraphrasé qu'elle l'aimait tellement. Je me retrouvais témoin de leur amour. Rendue à ma misère. Il m'avait quittée pour elle et chaque anniversaire, chaque nouvelle année, depuis vingt-cinq ans, ce bâtard se réjouissait d'avoir fait le bon choix, qui n'était donc pas moi. Les réseaux sociaux me confirmaient que mon ex n'avait pas une seconde regretté de m'avoir jetée pour une nana qui disait *obrigado* et *salsa*. Sublime, intelligente et riche avec ça, pas la Brésilienne des favelas, mais celle des « condos ». Satisfait au retour des courses, Laurent n'avait rien compris à mon changement d'humeur. C'était compliqué de lui expliquer que mon ex aimait toujours autant sa femme.

Je zoome sur le bout de chemise d'Antoine qui se confond avec le ciel de Saint-Astre. Je voudrais écrire à Antoine, « viens. Rejoins-moi ». Je voudrais être un couple de fourmis sur la plage avec lui. Fait-il tourner le pédoncule des pommes en récitant l'alphabet ? J'imagine ce que je mettrais dans cet appartement. Ma peau de mouton à défaut d'un chien, des livres et des carnets, le couple en ébène du Sénégal, une statuette votive, des masques chinois, des masques birmans, des têtes cambodgiennes, le couple en papier mâché de Bangalore, mon Playmobil sans casque de cheveux, mon ange gardien, ma lévothyroxine, mes lunettes en écaille, les collages des enfants, le bouquetin dans la boule à neige, du chocolat, des Chamallows à défaut d'un chien, mes poupées russes, un mascara qui se dit fatal, un fard à joues « Rose Pommette », des Sudoku, mes bougies à la mèche vierge. Je remercie Antoine et lui dis que je suis intéressée. Je lui demande le loyer à défaut de lui proposer de m'aimer.

*

Je trouve dans le frigo un poulet déjà découpé et du taboulé. Je mange avec appétit devant mon téléphone. Beaucoup d'images de l'actrice Jeanne Bardot. C'est parce qu'elle est morte. Tout le monde poste. Nouffe est tellement triste, Naffe est bouleversée, Nif aussi. Une icône est partie. C'est à qui dégainera le plus vite la photo la plus originale, la moins vue, la plus rare. L'image qui fera connaisseur. L'idéal est d'avoir un souvenir intime. Être allé à tous ses concerts, avoir vu tous ses films. L'avoir aimée dès le début. L'icône a des enfants qui deviennent eux aussi des icônes. Ça se transmet. Pas besoin de faire d'efforts, pas besoin de faire ses preuves, pas besoin de diplômes. Nouffe a dégainé dans l'heure. Un beau cliché, un texte court qui montre le respect. Un journal dégaine les adresses cultes pour suivre les pas de la désormais défunte. Les nécrologies étaient prêtes, on la savait vieille et malade. Partout, éloge funèbre. Je ne suis pas triste moi. Je ne la connaissais pas. On continuera de voir ses films. On continuera d'écouter ses chansons. Je ne suis pas triste pour ses enfants non plus, pas plus que pour ses petits-enfants. Les gens vont-ils aller déposer des fleurs au pas de sa propriété ? Il n'y a bien que Petite Diarrhée rose, l'Instagrammeur homo et littéraire, qui ne parle pas de la star défunte. Il fait la fille de joie des maisons d'édition pour lesquelles il promeut des livres de fête des mères, de Noël et de plage. Il a été harcelé à l'école, ça a touché les gens, forcément. Il a une communauté de filles-à-chat. Comme lui, elles ont créé leur compte. Elles y parlent de leur dimanche cocooning à lire le dernier *feel-good*, qui, elles avouent, leur a fait verser une larme, photo à l'appui avec le bouquet de fleurs acheté en promo au Leclerc après le rond-point. Ici, on ne se fait pas de mal. On trouve que la vie est belle. On positive. Sinon, on pleure, on dit qu'on pleure et on reprend une cuillerée de Nutella. En ce moment, la communauté est tout émoustillée, Petite Diarrhée rose a annoncé son mariage. Je reprends du taboulé et je finis mon repas avec une pomme dont je tourne la queue. Elle reste entre mes doigts à la lettre E comme ? C'est plus drôle avec une pâquerette. Le jeu dure plus longtemps. Le suspense aussi. Il m'aime un peu beaucoup passionnément à la folie pas du tout. « E » comme enfantin.

*

Comment dire adieu à un mort ?

*

Une seule église, un PMU, une boulangerie, un supermarché, un salon de thé, une poste, une pharmacie, une maison de la presse, une plage, un club de tennis, un mini-golf, une boutique de décoration, une épicerie fine, un caviste, un boucher-charcutier, une boutique de marque océanique, une boutique de plage, une brasserie, une table d'hôtes, un hôtel, un salon d'esthétique, une maison d'hôtes baptisée « maison d'amis », une masseuse, un fromager, un médecin, un dentiste, un kiné, une boîte de nuit, une poissonnerie, une mairie, une école primaire publique, une école primaire privée, un presbytère. Des maisons imposantes en pierre qui se serrent les coudes face au vent, des baladoirs, des pins, des coquillages, des roses trémières, des catamarans, des voiliers, des surfers, trois agences immobilières, des hortensias, deux salons de coiffure, deux artistes peintre, trois crêperies et deux cimetières, des magnolias.

S'il existait des notations comme pour le bien-être animal, à Saint-Astre, on serait niveau A, celui qui correspond à « avec parcours arboré ». Il existerait B, comme bien, avec accès à l'extérieur, C, assez bien, le bâtiment est amélioré, D comme standard, bâtiment en progrès, E comme minimal…

*

Nouffe demande si un cadeau commun est déjà prévu. Le cas échéant, elle a pensé à la montre première chaîne iconique de Chanel. Elle peut s'en occuper. Le cadeau, le voilà… Je transmets immédiatement à Christophe. *Qu'en penses-tu et sur le fond et sur la forme ?* Moi, ça m'arrange évidemment de ne m'occuper ni de la cagnotte ni du cadeau. Nouffe a envie d'occuper le terrain. Elle récoltera les lauriers de l'idée du cadeau qui fera tant plaisir. Bianca, elle la connaît mieux que moi. Elle était près d'elle quand la mère de Bianca est décédée, elle met un cœur noir au post annuel de son amie. Si tout le monde faisait un hommage à l'un de ses morts sur les réseaux, Insta serait un cimetière. Je vais voir le compte de Bianca et cherche une photo d'elle et de sa mère. Je trouve une photo en noir et blanc sur la plage de Saint-Astre. Sa mère, sublime, qui ressemble à Aly Mac-Graw embrasse le bout du nez de Bianca enfant. Elle en a profité pour envoyer une pensée à la communauté des inconsolables. 2 836 cœurs. 422 commentaires, que je m'enfile en suçant mon trognon de pomme. Nouffe a bien sûr été la première à réagir. *Tu lui ressembles tellement. Elle t'a transmis l'amour et le talent que tu continues de faire grandir. Tatouées à jamais à l'encre de nos souvenirs,* écrit une fan de Francis Cabrel. *Je pense fort à vous* (émoticône cœur rouge) *et aimerais avoir votre talent pour réussir à dire aussi joliment que vous combien ma mère me manque. Je lui souhaite de s'amuser là-haut, avec la vôtre* (émoticône mains jointes en prière). Il me reste 372 messages. Je me demande si Bianca les a tous lus. L'une s'adresse carrément à sa propre mère à elle : *Il y a six ans que tu es partie ma petite maman. Je suis seule depuis.* Une autre dit sauvegarder le message pour le relire le jour J anniversaire de la mort de la sienne. Josie-fait-des-confitures écrit *beaucoup de respect pour vous depuis longtemps.* Faire une publication d'inconsolable, ça fait gonfler le capital sympathie. Une illuminée la remercie pour son *union d'énergie vibrante qui ne s'éteint pas. Amitiés (même non réciproques).* Illuminée, néanmoins lucide. L'inévitable *votre mère, d'où elle est, doit être si fière de vous.* Il y a de la surenchère, un membre de la communauté a perdu sa mère et son père. Une autre, sa mère et sa sœur. L'une console d'un *nous avons le luxe d'avoir une étoile qui veille sur nous.* Un luxe aussi luxueux qu'une montre Chanel ? D'ailleurs Paillettes et chocolat dit que la montre de sa mère ne l'a pas quittée depuis son départ pour le grand voyage. C'est le #metoo des endeuillés. Quelqu'un dit *keep going.* Une coach sans doute. Il y en a une qui écrit qu'elle adore sa maman toujours en vie. Une autre encore demande si Naffe Naffe a bien reçu sa lettre après la sortie de son livre. Bianca a liké les 20 premiers, puis elle est partie en week-end à Trouville ou Porquerolles. Je me demande pourquoi ces nanas ressentent le besoin de témoigner. Qui se paluche les centaines de témoignages ? À part moi je veux dire ? J'arrête. Je n'en peux plus. Je compatis avec ces gens qui pensent que les messages de ces comptes certifiés sont un appel à partage.

*

Aujourd'hui, maman est morte. Ou peut-être hier, je ne sais pas. J'ai reçu un télégramme de l'asile : « Mère décédée. Enterrement demain. Sentiments distingués. » *Cela ne veut rien dire. C'était peut-être hier.*

C'était plus sobre chez Camus.

*

Christophe me répond.

– Si ça lui fait plaisir… Comment tu vas ?

– Suis chez André à Saint-Astre. Je n'ai pas osé préférer l'hôtel. André est parti voir sa sœur. Et la truie ?

– Oui, Bianca m'a dit. La truie a repris du poil de la bête. Encore deux jours d'observation et si tout va bien je devrais pouvoir rentrer. Si c'est le cas, je pensais venir te retrouver.

– Heureuse pour toi, pour la truie (tiens, d'ailleurs, je dors dans la chambre rose), et pour moi, si tu me rejoins.

*

Bizarrement, Christophe n'a pas l'air soucieux de mon avancée concernant l'organisation. Soit il est trop préoccupé par son boulot, soit ma mission est bidon. Pour ma part, je pense à Antoine à qui je pourrais envoyer un cadeau d'anniversaire. J'ai son adresse maintenant. Est-ce que nous offrons ce qu'on aimerait recevoir ? Bien souvent, on fait des cadeaux à qui nous fait des cadeaux. Une espèce de don-contre-don. J'ai des amies avec qui on ne se fait plus de cadeaux. C'est une expression d'ailleurs « ne pas se faire de cadeau ». Ce n'est pas dent pour dent, mais cadeau pour cadeau. Parfois, on s'ajuste. On évalue la valeur du cadeau reçu pour en faire un à peu près de même valeur. On est vexé si le cadeau n'est pas à la hauteur de la valeur, si l'on juge le cadeau bâclé. On est excédé par Karine qui fête chaque année son anniversaire au restaurant. On paie son repas, le sien bien souvent, plus le cadeau. Il y a le groupe WhatsApp dans lequel on est mis d'office. Si on ne peut pas aller à l'anniversaire de Karine, on donne quand même l'argent ? On a l'impression qu'on se fait flouer. Les cadeaux d'anniversaire, ce commerce de l'amitié où j'évalue ce que je donne et ce que je reçois, entre le volontariat et l'obligation. Il paraît que le cadeau est une nourriture affective sur le modèle du don nourricier que la mère fait à son enfant. Mieux vaut offrir dans ce cas du chocolat plutôt que des endives. On s'interroge sur Olivier qui ne fait jamais de cadeau. Il arrive les mains vides, ne participe à aucune cagnotte. Il n'a pas besoin de ça pour se sentir aimé. Le pire, c'est qu'on continue à lui en faire, comme une demande qui restera lettre morte. Combien tu m'aimes ? Donnez donnez-moi Dieu vous le rendra et pourtant untel n'est justement pas un mendiant de l'amour. Quand on en parle, Olivier répond « donner, c'est prendre. Moi je ne rentre pas dans le commerce de l'amitié. Si tu m'offres un cadeau, tu attends un retour sur investissement. Tu m'offres une dette. Je ne veux pas me sentir débiteur ou redevable. Par principe, donc, je n'en fais pas ». Derrière son discours, je soupçonne surtout Olivier d'être un peu rat.

Il y a ceux qui sont toujours déçus, ceux qui échangent les cadeaux. C'est vexant. *Sabir chinook*, le mot indien pour cadeau, traduit autant le don que le poison. On dit « cadeau empoisonné ». Parfois, le cadeau, même moche, nous tient à cœur parce qu'il nous fait penser à la personne qui nous l'a offert. Le contexte aussi. On a un peu de la personne avec soi. C'est ça que je recherche en voulant faire un cadeau à Antoine, qu'il ait quelque chose de moi, un objet, un symbole qui me représente. Je n'ai aucune inspiration. Les cadeaux, c'est décevant lorsque ça dit que la personne ne nous connaît pas ou nous aime mal ou ne nous perçoit pas comme on se perçoit soi. Le cadeau impersonnel ou trop personnel. Le parfum ou le livre qui ne fait pas plaisir. Et puis il y a la manière. L'emballage : une petite mise en scène qui laisse le désir et la surprise monter. Dis-moi ce que tu offres, je te dirai qui tu es. Dis-moi comment tu l'offres, je te dirai qui tu es, dis-moi comment tu te déguises, je te dirai qui tu es, dis-moi comment tu tombes amoureux d'une autre, je te dirai qui tu es?

*

Je me souviens encore de la fausse Barbie reçue pour mon anniversaire. J'avais 8 ans et j'avais été tellement déçue. Mes parents ne réalisaient pas que c'était la vraie que je désirais tant. En plus, elle était brune. Je savais faire semblant, j'avais fait semblant. Je les avais protégés en ne leur montrant pas qu'ils étaient des parents qui ne pouvaient pas m'offrir ce que je voulais. Je devais avoir compris qu'ils n'en avaient pas les moyens. Pour mes frères, c'était les Playmobil qu'ils n'ont jamais eus. Mes filles ont été gavées de Playmobil. Elles auraient pu avoir toutes les Barbie qu'elles auraient souhaitées, mais les blondes à longues jambes ne les intéressaient pas.

Christophe, c'est Caligula, il fait pleuvoir les cadeaux sur la foule. Lui aussi offre tout ce qu'il n'a pas reçu enfant. Des cadeaux qu'on ne peut pas lui rendre parce que trop chers. Il s'en fout. Il s'en fout réellement. C'est un *people pleaser*, sur terre pour faire plaisir aux autres. Il est gentil et généreux. On peut être gentil et égoïste. Le plaisir de l'autre, c'est son cadeau à lui.

*

Un cadeau utile, est-ce que c'est un cadeau?
Un cadeau chien, est-ce que c'est un cadeau?

Un cadeau qui servira aussi à celui qui offre, est-ce que c'est un cadeau ?

Le Goncourt de l'année, est-ce que c'est un cadeau ?

De l'argent, est-ce que c'est un cadeau ?

Une cagnotte, est-ce que c'est un cadeau ?

Les cagnottes sont devenues une nouvelle charge fixe, au même titre que l'abonnement Free ou Orange.

Y participer, est-ce offrir un cadeau ?

*

Dis, t'es sûr de vouloir laisser Dauphine s'occuper du cadeau à « notre » place ?

Il lit de suite mon message.

Oui, je m'en fous. J'ai mon cadeau pour Bianca. Rien ne pourra lui faire plus plaisir. Émoticône bonhomme avec les yeux en parenthèses autosatisfait.

???

Bon, ok, je te le dis, je vais la demander en mariage.

Je reste interdite. Le temps de me laisser réagir, je mets un cœur rouge à son message.

C'est une grande nouvelle ! Suis heureuse pour toi. Émoticône couple de mariés. *Ne compte pas sur moi pour organiser votre mariage.* Émoticône bonhomme qui rit.

Ma Caca, acceptes-tu d'être mon témoin ?

Oui.

Il m'envoie deux mains en prière.

J'imagine déjà l'Insta de Bianca. L'annonce du mariage, le mariage, la lune de miel dans un pays pauvre. Elle nous fera presque croire qu'en amour les mendiants et les rois sont égaux selon un dicton indien. Quelqu'un remerciera pour le partage sur les réseaux. Une autre admirera le talent Naffe à savoir si bien partager et émouvoir. *Vous êtes magnifiques, merci pour l'exemple*; *j'aime tellement votre pudeur et votre authenticité. Votre couple donne envie d'aimer*; *votre couple fait vraiment rêver.* Oui, c'est pour ça qu'elle publiera sens dessus dessous, pour faire rêver.

*

L'argent ça fait mieux le bonheur.

*

Je regarde la mer maintenant haute. Je vais divorcer et Christophe se marier, comme deux vases communicants, comme deux mers l'une à marée haute et l'autre à marée basse. Toscane accourt, suivie par André à la traîne. J'ai honte, mon assiette sale est encore sur la table. Je lui demande comment va sa sœur. Il doit y retourner demain, si ça ne s'arrange pas, il faudra l'hospitaliser. Il est désolé. C'est moi, je dis. Il me demande si je veux piquer une tête. Je bafouille et finis par dire qu'elle sera trop froide pour moi. De toutes les façons, je n'ai pas de maillot de bain. Il s'excuse de m'abandonner, mais il en a besoin. Il a l'air contrarié. Il est probable qu'on ait bientôt droit à une nouvelle oraison funèbre sur le compte de Bianca #RIPmatante.

*

« Penses-y bien : lorsqu'on t'offre une montre, on t'offre un petit enfer fleuri, une chaîne de roses, une geôle d'air. On ne t'offre pas seulement la montre, joyeux anniversaire, nous espérons qu'elle te fera de l'usage, c'est une bonne marque [...]. On t'offre – on l'ignore, le plus terrible, c'est qu'on l'ignore –, on t'offre un nouveau morceau fragile et précaire de toi-même, [...]. On t'offre la peur de la perdre, de te la faire voler, de la laisser tomber et de la casser. On t'offre sa marque, et l'assurance que c'est une marque meilleure que les autres, on t'offre la tentation de comparer ta montre aux autres montres. On ne t'offre pas une montre, c'est toi le cadeau, c'est toi qu'on offre pour l'anniversaire de la montre. »

Julio Cortázar, « Préambule aux instructions pour remonter une montre », *Cronopes et Fameux*

*

Je réponds à Nouffe que c'est ok pour le cadeau. J'ai conscience que c'est moi qui lui en fais un. Elle répond illico qu'elle s'en occupe, si je veux bien lui transmettre la liste des invités. Elle déplore n'avoir pas plus de temps pour m'aider. Sa façon d'en remettre une couche, je n'ai que ça à faire moi. Elle me demande si j'ai demandé à Paulo pour les huîtres. Elle me coince, je ne connais pas Paulo, évidemment. J'opte pour un *pas de souci, André m'aide*. Elle espère que « ça ne va pas le fatiguer *notre* André ». Elle dit notre pour m'exclure. Je deviens l'intruse. Je ne sais pas quoi répondre. André remonte justement l'escalier métallique. Il est plutôt bien conservé comme on dit. Je n'ai pas bougé depuis son départ. J'ai seulement mis mon assiette et mes couverts au lave-vaisselle.

– Tu devrais oser, ça fait un bien fou.

En effet, il a l'air détendu et revigoré. Je me dis que s'il s'absente à nouveau demain, j'en profiterai pour tenter une baignade en sous-vêtements. J'imagine que Bianca a une tripotée de maillots de bain dans sa chambre. De quelle couleur est sa chambre ?

– Allez, je prends une douche et je t'emmène dîner à La Terrasse. C'est la tradition ici, le dimanche soir, c'est galette !

*

Nous sommes accueillis comme des amis par deux hommes. Erwan et Tanguy sont deux frères à qui je donne la petite soixantaine. L'un a la tête de Blier avec le nez de Louis de Funès, l'autre a l'accent de Fernand Reynaud. On dirait qu'il ne parle qu'avec des voyelles. André me présente comme une amie de Bianca qui vient pour organiser son anniversaire surprise. Je souris. Il faudrait idéalement préciser « amie sur les réseaux sociaux ». Ils demandent à André s'il a appris pour Jeanne Bardot. Non, elle ne sera pas enterrée à Saint-Astre, mais à Paris mardi. C'était une cliente fidèle et tellement sympathique, sans chichis. Ça leur fait quelque chose. Ils vont décider quoi avec la maison ? Je reste en retrait de la conversation. On finit par s'asseoir sur la terrasse après qu'André a salué par-ci par-là des têtes connues. On dirait le maire de la ville. Vue mer. Les bolées de cidre arrivent. André s'excuse de nouveau pour la situation imprévue. Il me demande s'il serait possible que je garde Toscane demain. Avec plaisir. Je vais devoir aller seule au Mas des moules, la maison d'hôtes qui hébergera les convives de la fête. Les propriétaires sont des amis de la famille. André a l'air d'avoir beaucoup d'amis. Comme Bianca. Les chats ne font pas des chiens, à moins que ça ne soit l'inverse. Le Mas des moules, ça me fait rire, mais je n'en laisse rien paraître. C'est déjà plus ou moins calé. Ils ont 8 chambres. Les autres invités seront logés chez André.

Pendant qu'une femme vient embrasser André et qu'ils échangent sur quand revient Laure, comment vont Bianca et les enfants, et la sœur d'André, je me sens figurante. Je pense à Antoine avec qui je préférerais passer la soirée. J'entends André me présenter de nouveau comme une amie de Bianca. Je continue de sourire à cette imposture.

*

André me touche. Il a l'âge, me dit-il, où l'on perd plus d'amis que l'on en gagne. Il précise qu'il a 71 ans. Nous buvons un digestif offert par la maison face à la mer qu'on ne voit plus, mais qu'on entend aller et venir. La saison est belle. J'aimerais prendre une photo de nos verres lourds et ronds qui contiennent l'eau-de-vie. Je la posterais en disant que je passe un très bon moment. Les deux verres montreraient que je suis accompagnée et, sans le dire, laisseraient imaginer une bonne compagnie.

*

« Là-bas au fond il y a la mort, mais n'ayez pas peur. Tenez la montre d'une main, prenez le remontoir entre deux doigts, tournez-le doucement. Alors s'ouvre un nouveau sursis, les arbres déplient leurs feuilles, les voiliers courent des régates, le temps comme un éventail s'emplit de lui-même et il en jaillit l'air, les brises de la terre, l'ombre d'une femme, le parfum du pain. »

Julio Cortázar, « Préambule aux instructions pour remonter une montre », *Cronopes et Fameux*

*

L'avantage de la compagnie d'André est que je me sens jeune.

*

Dans ma chambre rose, je relis les messages d'Antoine. Je remonte aux premiers. Rien d'explicite. Le premier *Bonne nuit Antoine* en écho à son *Bonne nuit Camille* d'une sensualité toute numérique. Je me demande comment on faisait avant. Avant les messageries, avant les réseaux sociaux. On recevait des baisers reçus de lèvres de papier, que l'on gardait secrètement dans des boîtes à souvenirs. On attendait la sonnerie stridente du téléphone filaire branché dans l'entrée. Bambou, impulsions, popcorn, bruissement, carillon, cloche, demi-pointes, enchantement, glissement, suspense, forêt de Sherwood, sonnent désormais dans le creux de notre poche pour nous avertir aimablement de l'arrivée d'un nouveau message. J'ai choisi Cercles que je trouve d'un augure tendre et doux. Je suis déçue lorsque c'est Free qui m'annonce une bonne nouvelle parce que chez Free, ils aiment nous en offrir toujours plus. À l'image du bonheur, dont on voudrait toujours plus. Est-ce que le bonheur, ça se mesure ? Existe-t-il une toise du bonheur ?

*

« Si l'on bâtissait la maison du bonheur, la plus grande pièce serait la salle d'attente. »

Jules Renard, *Journal*

*

Je m'endors en ayant résisté à écrire à Antoine. Je m'endors en cherchant une idée de cadeau. J'imagine me faire emballer et me faire expédier par la poste comme le Chinois pour l'anniversaire de sa femme. Je serais le cadeau. Hier, il a dit qu'il aurait 40 ans « dans quatre jours », il me faut trouver quelque chose demain. Est-ce qu'Antoine est du genre à fêter son anniversaire ?

Lundi 26 avril
Journée de la secrétaire au Nicaragua

Au réveil, je pense Antoine. Je cherche son signe astrologique. Antoine est Bélier, comme Laure la compagne d'André. Ça ne lui va pas du tout. Le moteur de recherche me fait des suggestions. Comment est l'homme Bélier ? Un poète ou une poétesse du *ELLE* le décrit comme *l'étincelle qui transforme la forêt en un formidable brasier*. Je vais illico au paragraphe *LUI ET LES FEMMES. Pour rendre un homme Bélier amoureux* [...] *vous devez attiser son intérêt en toute discrétion et prendre des airs de princesse*. Enfin, *il n'y aura que peu de chance de réussite avec les femmes Taureau, Scorpion et Poisson, avec qui l'homme Bélier n'a pas assez d'affinités*. Connerie d'horoscope.

Dans la cuisine m'attendent mon petit déjeuner et Toscane. André m'a laissé un mot qui s'apparente à une feuille de route. Me rendre chez Bliss et au Mas des moules. J'adore qu'on me dise quoi faire. Exécutante est un rôle dans lequel je me sens bien. Ils sont prévenus de ma visite. Je regarde la mer. Deux rendez-vous dans la journée… Plus ça va, plus je soupçonne Christophe de m'avoir organisé des vacances surprises.

*

Je prends des airs de princesse, ceux qui plaisent tant à l'homme Bélier, en descendant l'escalier menant à la plage. Je lance une balle à Toscane, mais c'est le cadavre d'un poisson mort qu'elle me rapporte. Le poisson dont j'ignore le nom a de gros yeux ouverts qui reflètent le ciel parfaitement bleu. Un poisson, ça souffre ? A-t-il laissé de petits poissonnets orphelins ? J'essaie de l'enterrer, mais Toscane vient gratter le sable. Je ne sais pas si je peux la laisser bouffer le cadavre du poisson dont la gueule béante est bordée de minuscules dents. Personne n'est chargé de le rendre présentable pour son dernier voyage. La thanatopraxie n'existe pas pour eux. Je fais diversion, cherche la balle. J'entends appeler au loin. Une femme se dirige vers nous. Elle me regarde bizarrement. Toscane lui fait la fête.

– Je me disais bien que c'était Toscane ! Bonjour !

– Bonjour, oui, je la garde en l'absence d'André, je me contente de dire.

– Ah mais oui, Laure est en Inde. André est parti aussi ?

– Juste pour la journée.

– Toscane est la mascotte de Saint-Astre ! On ne s'est jamais rencontrées ?

– Non, je viens d'arriver.

– Roxanne de Panafieu, enchantée.

– Camille.

Devant mes réponses lapidaires, elle finit par partir avant de me lancer un « à bientôt » dans un sourire plein de miel. Nicorette.

J'explique à Toscane qu'on va aller chercher un cadeau pour Antoine. Nous voilà parties en direction du petit centre-ville, un sac à caca à la main. À la Maison de la presse, je fais tourner le présentoir des fameux bols bretons, tandis que la dame à la caisse donne une croquette à la chienne. Ben alors, il est passé où ton maître ? Il s'est absenté pour la journée, je réponds en caressant le prénom Antoine peint en bleu.

– Ils viennent de la Faïencerie de Pornic.

Je réponds par un sourire et saisis le bol à oreilles.

– C'est pour un cadeau.

– Il va voyager ?

– Oui, par la poste.

– Dans ce cas, je vais bien vous l'emballer.

Je parcours les unes qui montrent toutes une Jeanne Bardot belle et jeune.

– Son enterrement est demain ! C'est dommage, ça ne sera pas ici. Ils vont retransmettre la cérémonie à la télévision. Elle était cliente, ça fait quelque chose hein. C'est pour ses filles que c'est dur. On est peu de chose.

Oui, c'est sûr. Je regarde maintenant les cartes postales. Une hyper ringarde ou une très belle ? J'hésite. À Saint-Astre, peu de choix en mauvais goût. Je finis par prendre la reproduction d'une Bretonne avec sa coiffe blanche.

En se rendant chez Bliss, Toscane fait son offrande à la sortie d'un enterrement. Les chiens n'ont aucune considération pour la solennité. Toscane se fiche de cielleux qui meurent et de cielleux qui pleurent. Deux l, deux ailes entre cieux et cielleux. L'écriture inclusive est catholique. Je ne vais jamais aux enterrements. En théorie, je suis anticléricale ; en réalité, je redoute de me retrouver au milieu de gens endeuillés. Dire des paroles sages et réconfortantes. Quel soulagement quand l'hommage se fait en toute intimité ! C'est beau de dire adieu, c'est important d'être entouré, merci d'être venu, sincères condoléances. Comment s'habiller ? La peur de ne pas être émue. La peur d'être trop émue. Il m'arrive de faire la liste de mes amis. À droite, ceux pour qui il serait normal que je fasse le déplacement. À gauche, les autres. L'expatriation était assez pratique en cela. Maintenant, je n'aurai plus aucune excuse.

*

Je fuis la tête baissée dès la déjection emballée et passe devant le PMU à la recherche d'une poubelle. Je m'arrête devant la terrasse. Ici, on croise des artisans et des vieux. Au comptoir, il y a les petites annonces déposées par une femme de ménage ou un vendeur de remorque. La serveuse m'explique que la ville a décidé de supprimer les poubelles pour responsabiliser les gens. Pour les inciter à faire du tri. Je commande un café, mais je pourrais tout autant me soûler de grand matin, je n'aurais pas été la seule. On ferait une gloire aux païens paumés qui boivent pour oublier puisqu'on ne peut pas être consolés. Boire pour oublier que la vie est une chienne. Quelle horreur cette expression ! Je regarde Toscane et lui présente mes excuses. Mais que font les féministes et les antispécistes ?

S'en remettre à la vodka comme on s'en remet à Dieu. D'ailleurs Vodka, ça irait bien comme nom pour un dieu. Lorsque mes filles étaient petites, je leur inventais des histoires. Elles ont passé l'âge des contes, mais je leur raconterais volontiers celle de Vodka et Bouddha. Bouddha, son truc, c'est de ne s'attacher à rien et surtout pas à sa haine. Bouddha a de grandes oreilles au bout desquelles pendent des lobes longs et charnus. Il sent le benjoin et le bois de santal. Vodka a une haleine de pomme de terre fermentée lorsqu'il ouvre la bouche pour méditer sur le monde qui part bien en couilles. Fils du créateur du groupe mondial de télécommunications Nirvana, Bouddha grandit dans le luxe et va dans une école où lui sont transmis les 64 arts traditionnellement enseignés aux princes. Vodka va à l'école publique et, à 29 ans, n'a ni chauffeur ni voiture d'ailleurs. C'est alors que Bouddha fait un long voyage de sa propre initiative et découvre la maladie, la vieillesse et la mort qui frappent tous les hommes. Il rencontre Vodka, il en est très troublé et décide de devenir moine au lieu de rester riche. Il renonce à tous les privilèges, parce qu'il veut connaître le vrai sens de la vie. Vodka en veut à Bouddha, il aurait préféré que Bouddha lui file sa thune. Même si Vodka sait que l'argent ne fait pas le bonheur mais, avec de l'argent, on peut acheter de meilleurs alcools et oublier que l'argent ne fait pas le bonheur.

Pour Bouddha, les pensées et les émotions sont à l'origine de la souffrance, et la méditation permet d'y mettre un terme. Pour Vodka, les pensées et les émotions sont à l'origine de la souffrance, et l'alcoolisation permet d'y mettre un terme. Bouddha meurt à un âge avancé, Vodka a un âge moins avancé. Morale de l'histoire : chacun fait son chemin de consolation selon ses moyens, sous un figuier ou au PMU.

*

J'entre hésitante dans la boulangerie-pâtisserie Bliss, le sac à caca de Toscane dans mon sac à main. En me voyant, la vendeuse au physique de Kangoo s'apprête à me dire quelque chose. J'imagine qu'on ne rentre pas avec un chien, mais avec Toscane, c'est différent. Elle me salue et continue à servir la cliente devant moi. Leur spécialité, c'est le chou à la flouve odorante. La flouve odorante ressemble au petit nom qu'on donnerait au sexe ourlé et parfumé d'une dulcinée. Ça me fait rire, mais tout a l'air éminemment sérieux. *Bliss*, en anglais, signifie « bonheur », « béatitude ». Tout y est blanc. Au pire, nacré ou beige irisé. Très peu de marchandises. On travaille la rareté. Le logo est lui aussi épuré. En attendant de me présenter, je lis le joli tableau informatif. À ce moment du printemps, le sureau est en fleur, la flouve est à maturité et les sapins bourgeonnent aux alentours. La meringue est au sumac, le pain aux myrtilles et à l'épicéa, la faisselle de brebis du Val Primbert, le confit de cerise de Céret au basilic pourpre, et la rhubarbe des jardins de Céleste et Grégoire. Certaines pâtisseries portent des noms de célébrités. Quand vient mon tour, je dis que je viens de la part d'André. Elle s'éclipse, puis revient en me demandant de la suivre. Je reconnais la belle jeune femme qui m'accueille. Bliss a un compte Instagram. Encore une meuf qui a réussi à remettre du sens dans son travail. Un retour aux sources. Des produits biologiques et locaux ou à défaut sourcés, des prunes du Mont des clos, du chocolat bioéthique quand tu croques un carreau, tu plantes une fève de cacao et tu permets à un enfant pauvre d'aller à l'école. Agathe s'est faite toute seule. Elle adorait la pâtisserie enfant. Sa grand-mère lui en a donné le goût. Elle s'est spécialisée dans la flouve odorante. C'est très malin la niche du monoproduit. Une fois que tu as ta niche, tu utilises des produits rares ou insolites. Elle, elle a déniché la flouve odorante. Le produit insolite permet de se démarquer et, par transitivité, le client va l'acheter POUR se démarquer ! La flouve odorante est une plante aux notes de vanille et de foin. Elle figure dans un livre « coconstruit » avec les artisans du coin, garantissant des adresses secrètes et intimistes. Je suis toujours étonnée par le teasing « adresse secrète » qui, par définition, n'a plus rien de secrète une fois dévoilée. On la voit poser devant une bergerie dans des fringues en chanvre tissé avec des poils de cul de brebis à qui on aura donné un prénom. Elle raconte dans l'interview qu'elle ne pâtisse qu'avec du lait d'ovidé. Le lait de vache, ça fait pollueur et consommateur crétin. Son lieu de vie, c'est son essentiel, son refuge, « l'endroit auquel elle appartient ». Bianca a contribué à son succès.

Également interviewée sur ses adresses secrètes il y a trois ans, lors de la sortie du livre sur sa mère, elle y dévoilait Bliss à Saint-Astre, dont elle trouvait le chou à la flouve odorante merveilleux. Agathe avait alors décidé de rebaptiser le chou le « chou Bianca ». Cette idée a fait des émules et des envieux parmi les stars locales. Ont suivi la « tarte Jeannette », celle de Jeanne Bardot et « ma bûche » de Pierre Durand, un autre people de Saint-Astre. « Ma bûche » a disparu après que le chanteur a fait la une des journaux pour agression sexuelle. Elle s'appelle désormais Bubuche. Agathe me reçoit dans son laboratoire qui sent bon le beurre et l'argent du beurre. Elle est en train de préparer un kouign-amann qu'ici on nomme le « Kouign-Agathe ». Elle est jolie et enjouée. Je l'imagine pédaler le minois au vent sur un vélo cargo avec des enfants boucles d'or à l'avant. Elle adore reprendre des classiques. Elle prend l'exemple de la tarte avec sa pâte à tarte « ancienne école » qu'on peut trouver un peu poussiéreuse. L'idée, c'est de moderniser pour avoir quelque chose de plus léger, de plus aérien, plus dans l'air du temps, mais en respectant la saisonnalité. C'est quoi l'air du temps ? Tandis que je me perds dans l'air du temps, elle raconte que la meringue devient la base de la tarte et la pâte à tarte, des petits ronds en décoration sur le dessus. Oui, bon, donc on renverse la tarte quoi. On relooke, mais au fond, on a toujours une tarte meringuée. Agathe fait de la chirurgie esthétique culinaire. C'est dans l'air du temps la chirurgie esthétique. L'air du temps est totalement schizophrène, être une tarte meringuée en ressemblant à une autre, être soi en ressemblant à une autre.

André lui a tout expliqué. Elle sait déjà le nombre de convives, elle a déjà l'idée d'un buffet bucolique sucré et salé. Je me demande ce que je fous là. Elle me fait goûter le chou Bianca. Quand elle s'approche en palabrant sur les effluves de foin et de vanille, je recule de peur qu'elle ne sente mon sac, aux effluves de caca. Le petit chou est délicieux. Je la félicite. Je propose de régler pour le buffet de Bianca. Elle m'accompagne à la caisse. Je paie avec mon téléphone qui renferme la carte de Christophe. Je sors comblée par cette bonne chose de faite. Il ne me reste plus que le Mas des moules. Le Mas des moules, Toscane, est-ce que ce n'est pas risible ? Je décide de rentrer pour mettre à la poubelle les déjections et faire une pause bien méritée.

*

Je bois un thé dans une tasse sur laquelle est écrit *love you*. A-t-on déjà fait des études sur l'impact des mugs à message ? Par exemple, une étude dans laquelle un échantillon boirait tous les matins son café dans une tasse *I love you* et l'autre dans une tasse *I really don't love you*. Toscane endormie à mes pieds, je me dis qu'il me faudrait tout de même trouver une idée pour l'anniversaire de Bianca. Quelque chose d'original, une valeur ajoutée à mon non-travail. Proposer un thème déguisé ? Je regarde la mer. Thème fruits de mer ? Je relis les messages d'Antoine. Je regarde encore les photos de son appartement. Je me demande si ce n'est pas culcul d'offrir ce bol à oreilles. J'irai à la poste avant le Mas des moules cet après-midi. Je sors la carte postale avec la Bretonne à coiffe blanche. Nicorette. Je réalise que je n'en suce quasiment plus depuis que je suis arrivée. Je scrute la Bretonne en quête d'inspiration. J'imagine qu'elle attend le retour de son marin de mari. Elle est vêtue de noir, si ça se trouve, il est mort. Joyeux anniversaire. Je finis par écrire *Remplir de vodka et boire en faisant un vœu, joyeux anniversaire Antoine.* J'hésite à ajouter un PS : je t'embrasse. Que ferait l'amour ? Je renonce au post-scriptum et j'écris *je t'embrasse, Camille.* Je t'embrasse, ça ne dit pas où. Ça peut être sur les joues, le front, les yeux, les tempes, la commissure des lèvres, ou sur la bouche. Je t'embrasse peut être tendre et chaste. J'aurais pu finir avec 1 000 baisers. Quarante baisers pour le nombre d'années. J'adore le mot baiser, pas le verbe. Donner un baiser, envoyer un baiser. Dans mon poème préféré, « Les Pas », Paul Valéry écrit *la nourriture d'un baiser.* De toutes les façons, c'est trop tard, je ne vais pas raturer. J'aurais pu tenter « la mer t'embrasse ». Ça aurait fait poète. La mer, ça aurait fait la mère, ça aurait rappelé mon âge, ça aurait fait vieille. Sans regret, je laisse ainsi le verso de la Bretonne dont le visage ne laisse rien paraître de mon désir.

*

Le Mas des moules n'a pas la connotation que je lui imaginais. Ce lieu a été l'atelier de moulage d'un sculpteur, j'ai appris ça sur leur très léché site internet. Rien à voir avec les mollusques. Je passe par le goulet pour y accéder. C'est un banc de sable où, à marée basse, hibernent quelques petits bateaux, surplombé d'un bois qui mène à la pointe de Lainique. Toscane fait fuir un très bel oiseau blanc aux étranges doigts jaunes. Nous avons le temps, je m'assois sur une pierre et cherche sur mon téléphone le nom de cet oiseau. Il s'agit d'une aigrette garzette, un échassier de la famille des ardéidés. Toscane partie renifler plus loin, l'oiseau revient pêcher de son très long bec noir dans le fin filet d'eau. Je la déclare femelle avec sa robe courte à plumes blanches, ses bas noirs couvrant ses longues pattes effilées et ses sublimes chaussons jaunes. C'est cette couleur jaune qui en fait une garzette. La délicate saisit ses proies sans se mouiller la robe. C'est une espèce solitaire. Tout est long chez cet oiseau, le cou, les pattes, le bec. J'adore quand elle prend son envol, ses pantoufles d'or en extension. Je me demande à quoi ressemble sa parade nuptiale. En tous les cas, la cendrillon ne s'encombre pas de « je t'embrasse » ou de baisers. Je reprends la route avec Toscane à la compagnie aimable et réjouissante.

Nous croisons un couple de randonneurs. À Saint-Astre, quand tu croises quelqu'un en Gwanno ou en sandales Quechua à trois sangles velcro pour ajuster au mieux son pied, composé à 11 % de caoutchouc recyclé, tu sais que c'est un touriste de passage pour la journée. Le même qui cherchera en vain un marché de nuit pour y acheter des bracelets de cheville. Ceux qui ont des souvenirs depuis des générations portent des tongs ou des chaussures bateau siglées Sebago Dockside. Ils me demandent si le centre-ville est accessible par le goulet. Je fais ma locale et frime à mort comme si Saint-Astre c'était chez moi, comme si Toscane était à moi, comme si j'étais la femme d'André. Je les rassure en forçant le sourire.

Sur la terrasse pavée d'ardoise, Joseph et Juliette sont pleins de bonnes intentions avec leur collation joliment présentée sur la table. Ils m'offrent une citronnade faite maison. Ils avaient tous les deux des maisons de famille ici. Ils se sont retrouvés à « Saint-Ass », comme disent les habitués, après avoir fait une première vie. Ils sont comme moi, dans leur deuxième. On dirait bien qu'on est du côté du bonheur. Je les envie. Oui, première fois à Saint-Astre. Ils m'assurent que quand on y a goûté, on y revient. Je n'en doute pas. Ils proposent qu'on se tutoie. Ils me racontent que c'est un écrin encore protégé. On se montre à Sainte-Barque, mais pas à Saint-Ass. « La concentration au mètre carré de people et de capitaines d'industrie est pourtant impressionnante ! » Pour beaucoup, Saint-Ass, c'est le goût de l'enfance. Saint-Ass en anglais, c'est quand même, au choix, le cul ou l'âne élevé en perfection et pureté absolue. Saint-Cul ou Saint-Âne. Saint-Ass, c'est le triomphe de la tribu, version haute bourgeoisie. Une publicité des années 1920 parue dans *Le Figaro* vendait la destination comme le Biarritz breton. Éric Rohmer a tourné *Conte d'été* dans le coin.

On y trouve aussi des écrivains célèbres. Rien n'est fait pour attirer les touristes. «Au contraire», lance Joseph. Pas de Relais et Châteaux, pas de camping. Au fil de la discussion, j'ai l'impression d'être à l'office du tourisme.

– Finalement, la crainte d'un lieu pareil, quand on voit la Manche qui fait sa Polynésienne avec ses teintes d'émeraudes cristallines, c'est de le voir apparaître dans un classement national, voire international. En 2016, *The Guardian* a consacré Morgat, tu sais, la crique de l'île vierge, (je ne sais pas, mais je me tais), sur la presqu'île de Crozon, dans son top 20 des plus belles plages du monde. Eh bien, ça a été la surchauffe pour eux ensuite, l'enfer, ils ont vécu l'enfer.

Ils finissent par me faire visiter les lieux. Le Mas des moules est une ancienne usine comprenant un atelier de moulage, conçu comme une grande pension de famille. Chez Juliette et Joseph, c'est beau comme dans un magazine de décoration. J'adore regarder ces émissions dans lesquelles les propriétaires expliquent qu'ils ont acheté le bien à l'état d'étable. Ils se souviennent avoir enlevé le foin, la charrue et les bœufs avant les travaux. Ce sont des Parisiens qui disent la campagne, la montagne, la mer. Ils ne connaissent pas la province non bucolique, sans montagne, sans fond marin. Ils ne connaissent pas Tourcoing ou Villefranche-sur-Saône. C'est un tableau de Marine de Chaloutre, une amie de longue date. Nous avons fait faire cette table sur mesure parce que l'on ne trouvait pas ce que l'on voulait dans le commerce, c'est mon mari qui l'a dessinée et l'ébeniste Nicolas de Crétan qui l'a réalisée dans un vieux noyer coupé dans le jardin de mes beaux-parents ; nous aimons que ce qui nous entoure porte une histoire, savoir d'où viennent les matériaux. Nous avons voulu la maison tournée vers la nature, la cuisine est un lieu de rencontres, de retrouvailles. Et moi je trouve tout tellement beau, les maisons, les appartements, les histoires de ces gens qui vivent dans de si beaux intérieurs, on a le sentiment que seuls le beau, le bon comptent, que la brute et le truand, ce n'est que dans les films. Ce sont mes contes de fées d'adulte. Ils s'aiment, ils ont les mêmes goûts, le même sens de l'esthétique, on a le sentiment que jamais l'argent n'a été un problème. Les enfants, Achille et Colette, ont eu des chambres sans Barbie, sans peluche moche réclamée au supermarché, sans poster de berger allemand ou même de cheval, ces enfants-là ont écouté Pierre et le loup et savent reconnaître Pierre-quatuor à cordes ; l'oiseau-flûte traversière, le loup-les cors, le grand-père-basson, le canard-hautbois et le chat-clarinette, ils ne se sont pas roulés par terre pour obtenir des Chocapic parce qu'ils ont mangé des porridges festifs au petit déjeuner, ont eu leur espace dans le potager, n'ont pas porté de pyjama Superman parce que chez Bobo-les-belles-choses, on ne vend que des vêtements en coton bio avec des animaux mignons et inoffensifs dessinés dessus, tout, tout, tout est de bon goût. Je me demande comment se passent les choses derrière la vitrine. Le pire, c'est que je veux bien croire qu'il y a des gens meilleurs que moi. C'est douloureux de voir le beau et le bon chez les autres. C'est frustrant d'être confrontée à ceux à qui on aimerait ressembler, sans y arriver.

Quelle est la probabilité que vous recommandiez Camille à des amis ou des collègues à la suite de cette relation ? Veuillez cliquer sur le score correspondant et vous serez redirigé vers notre questionnaire.

Extrêmement improbable

Extrêmement probable.

*

Je recopie avec application l'adresse d'Antoine sur la boîte d'expédition. Je glisse le petit coquillage rose juste avant de coller le rabat. Je choisis une livraison express en vingt-quatre heures. Je range comme un trésor le bordereau sur lequel figure le numéro de suivi du colis. En sortant, je me noie dans le ciel déchiré. Faites que ça plaise à Antoine. André est déjà rentré. Toscane lui fait la fête. Moi, moins. J'aurais aimé être seule encore avec elle. Il s'apprêtait à aller prendre son bain. Je sens que ce n'est pas le moment de demander des nouvelles de sa sœur. Je ne sais pas pourquoi, mais je n'ose pas. Mais j'ose lui dire en revanche que je n'ai pas de maillot de bain. Il sourit et me dit que des maillots de bain ici, on en a à revendre. Il me demande de le suivre. M'emmène dans un coin de la maison où sont pendus combinaisons de plongée et gilets de sauvetage. On se croirait dans une école de voile. Il ouvre une armoire et me dit de me servir. Il m'attend sur la terrasse. Je panique en réalisant que je ne suis toujours pas épilée. Je fouille parmi le tas : des une pièce, des culottes trop échancrées, des hauts à balconnet, des bandeaux et, globalement, des tailles qui m'ont l'air bien trop 36. Je cherche un 40. C'est étonnant qu'aucune enseigne n'ait encore eu l'idée de trouver d'autres moyens d'indiquer la taille des vêtements. À l'heure de la mobilité douce. Dire autre chose que XL qui fait penser à un Big Mac avec maxi frites et mayonnaise. Dire autre chose que 44 qu'on dit du bout des lèvres.

J'essaie une pièce noire parce que ça affine et que ça mettra moins en valeur les poils susceptibles de dépasser. Aucun miroir pour renvoyer mon reflet. Je tente le selfie mais n'arrive pas à avoir assez de recul pour une vision d'ensemble. Je ne peux pas non plus faire trop attendre André. Je décide que ça ira. Je me permets de prendre un tee-shirt thermique parce que je ne suis pas bretonne et qu'on est en avril. Ne te découvre pas d'un fil.

La mer n'est pas complètement haute. André dépose deux serviettes sur un rocher en forme de gros phoque. J'ai froid sans avoir mis les pieds dans l'eau. Il avance confiant et finit par plonger une fois la mer au niveau des hanches. Toscane s'est couchée au pied des draps de bain. André finit par se retourner et me regarde en souriant.

– Allez, ne réfléchis pas.

J'ai bien envie de répondre que ce n'est pas une histoire de réflexion mais que, très concrètement, cette eau est glacée. J'avance tétanisée. À ce stade, c'est de la cryothérapie. Je vais mourir bêtement d'un choc thermique. André m'encourage. L'avantage, c'est que de là où il est, il ne peut pas voir mon degré d'épilation. Je finis par avancer. Le passage du ventre et des reins est à la limite de l'insoutenable. Et puis j'y suis. Crispée au début et presque détendue ensuite. Je rejoins André là où je n'ai pas pied. Je sais bien nager et même très bien nager, mais je suis une inquiète des fonds marins dans lesquels j'imagine des poissons ou mollusques hostiles. J'ai appris à nager avec un maître-nageur qui serait de nos jours pendu sur la place publique de la pédagogie positive. Dans les années 1970, cela consistait grosso modo à se jeter dans le bassin et devoir rattraper la perche tendue par un tyran en slip de bain rouge, après avoir cru mourir de noyade. C'était important pour ma mère que l'on sache nager. Mon père avait appris seul dans une rivière de sa région natale. Ma mère n'avait aucun point d'eau dans son bled et surtout aucun loisir. Elle a appris plus tard, vers 40 ans. Techniquement, elle savait nager, mais elle tenait sa tête si farouchement hors de l'eau qu'elle ne pouvait envisager de faire une longueur de bassin. C'est pour cette raison que nous ne sommes jamais partis en vacances à la mer. Ça tombait bien, nous n'en avions pas les moyens. Je frime un peu en nageant le crawl, mais je n'ai pas de lunettes. C'est une de mes rares fiertés, le crawl. Lorsque j'allais à la piscine municipale, j'enviais les Stéphanie Moreau et Charlotte Desnouettes qui charmaient les garçons avec leurs plongeons et leur crawl pendant que je faisais la brasse ou une nage indienne ridicule sur un bord. Les piscines privées étaient rares. La piscine municipale, encore un lieu de mixité. Alors pour mes 40 ans, je me suis décidée à prendre des cours. Enfin, c'est mon amie Céline qui m'y a décidée. Nous y sommes allées ensemble. Si je devais faire un jour mon CV, j'y inscrirais en caractères gras « maîtrise du crawl ». Je fais la planche, puis l'étoile de mer. Je souris au ciel, à la mer, à la vie, à ce cadeau que me fait Christophe et sans doute André. Je pense au colis qui doit avoir commencé son voyage vers Paris. Je retrouve André déjà sorti, qui m'attend avec un drap de bain couleur pigeon-de-Paris. Je m'enveloppe dedans. Je crois que je pourrais aussi bien m'envelopper dans les bras d'André. C'est dangereux le bien-être. Je me sèche en listant des vieux que je me serais faits sans problème. D'abord Bowie, le soir de son concert à Berlin, en 2002. On dirait Eros en banquier d'affaires. Je regarde souvent le passage où il chante « Absolute beginners », ma chanson préférée. Il avait 55 ans.

David Bowie
Hugh Grant
Gérard Lanvin (quand même appeler mon mec Gérard…)
Humphrey Bogart
Jean Rochefort
Paolo Conte
Marcello Mastroianni

Ils sont tous morts sauf Gérard. Est-ce que ce prénom, Gérard, reviendra à la mode un jour ? Et André, Francine, Jacqueline, Monique, Michel, Yvette, Roger,

Bernard, Christiane, Claude, Daniel, René ? Alors que Lucien, Léon, Marguerite, Marcel, Suzanne, Gabin, Gaston sont revenus. Reviendront Germaine, Colette, Georges, Alphonse, Raymond. Pourquoi pas Thérèse.

*

La soirée est douce, même si sa sœur est au plus mal. Il y retourne demain. Ça me va de passer mes journées seule et de le retrouver le soir. La vie est mal faite, j'envisage un homme trop mûr ou un homme trop jeune. André se raconte. Sa mère était une féministe et psychanalyste réputée. Son père, un industriel fantasque. Ils se séparent quand il n'a que 6 mois. André et sa sœur aînée vivent avec sa mère. « En fait, on vivait surtout avec nous-mêmes. » J'imagine un grand appartement dans le 17e arrondissement, avec une dame de maison en guise de nounou. Sa mère a fait partie des signataires des 343 Salopes en 1971, année de ma naissance. « En tant qu'enfants, nous n'intéressions pas beaucoup nos parents », qu'il qualifie avec le recul de « séducteurs et ambitieux ». Je le regarde assis confortablement dans son crapaud et me dis que les chiens ne font décidément pas des chats. Il est de ceux qui disent qu'il était bon à l'école alors il a fait des études. Mais André est plus fin que ça. Il rajoute qu'avec son milieu culturel il était assez improbable de ne pas être bon. Et puis il me raconte qu'il a vu le concert de The Who à la fête de l'Huma. Il cherche la date et lâche « en 1972 ». En 72, j'avais 1 an, il en avait 20.

*

Il est né la même année que Daniel Balavoine, Thierry Le Luron, Vladimir Poutine, Jacques Audiard, Martin Bouygues, Christian Clavier, Renaud, André est né la même année que le chanteur italien Pino D'Angiò, qu'on ne traduit pas « Pine d'ange ». André est né l'année de l'invention du code-barres. André est né l'année de la première explosion de la bombe H. André a payé son pain en anciens francs. André a connu la construction du mur de Berlin, l'inauguration du paquebot *France*, l'indépendance de l'Algérie et Pompidou premier ministre. André a connu Françoise Dorléac, les débuts de Claude François, des Beatles, l'ouverture du premier hypermarché en France, la création de l'ordre du Mérite, l'ORTF, la R8 Gordini, la naissance du code postal à 5 chiffres, l'inauguration du *Redoutable*, la naissance de la couleur à la télé, mai 1968 à 16 ans, les premiers spots publicitaires sur la première chaîne, a connu les Halles aux Halles, la troisième et la quatrième semaine de congés payés, le premier pas posé sur la lune, le SMIG qui devient SMIC – remplacement de Garanti par Croissance – on avait déjà commencé la novlangue, les sages paroles de Pompidou en déplacement à Chicago : « L'emprise de l'homme sur la nature est devenue telle qu'elle comporte le risque de destruction de la nature elle-même », la séparation des Beatles, la première montre à affichage digital, la fin d'*Hara-Kiri* et le début de *Charlie Hebdo*. Est-ce qu'André était devant la première émission pour enfant « Bonne nuit les petits » le 10 décembre 1962 ?

*

Notre première année commune est 1971. L'année de ses 19 ans et celle de ma naissance. 1971 commence et se termine un vendredi.

*

Je me résous à ne pas faire l'inventaire de ce qu'Antoine n'a pas vécu. Ce serait bien trop déprimant. Le whisky que nous buvons me tourne délicieusement la tête. André a l'âge des poils de nez qui poussent avec ceux à l'intérieur des oreilles. J'ai l'âge du poil au menton. André est une figure paternelle qui sans doute me fait défaut. Je fais mon complexe d'Œdipe à retardement. Je ne peux quand même pas désirer le corps vieillissant d'un homme de 71 ans ?

Mardi 27 avril

Pas de journée internationale répertoriée pour cette date

J'ai rêvé que je sortais avec le vieux médecin de famille que nous avions quand j'étais enfant. Je l'aimais autant qu'il me faisait peur. Je pense que j'aurais aimé me marier avec un médecin. Lorsque j'étais étudiante bidon en lettres modernes, je suis sortie avec un étudiant en médecine. Il avait sur son bureau un crâne d'humain, dont il se servait comme cendrier – je me demande bien comment quand j'y repense aujourd'hui ou alors ma mémoire déforme mon souvenir, mais bref –, ce crâne, il l'avait hérité de son grand-père médecin. Il vivait dans une annexe de la grande maison bourgeoise dans laquelle ses parents habitaient. Tout m'impressionnait. Il venait chez moi de temps en temps, j'en étais gênée. Mon frère et moi partagions un deux pièces assez laid. Arthur devait trouver romantique d'avoir une copine étudiante en lettres. Je faisais semblant d'avoir une culture littéraire. Je me souviens que la première fois qu'il m'a embrassée dans sa voiture, il m'a demandé s'il pouvait. Ça m'avait surprise cette histoire de consentement. Je ne sais plus comment je l'avais rencontré. Je n'étais pas amoureuse de lui. J'avais le sentiment qu'il me prenait pour une autre. Un conte de fées qui ne marcherait jamais. Je n'étais pas une princesse en haillons, éloignée par une belle-mère jalouse. Je l'ai quitté, il n'a pas compris, il avait fait les choses bien. Il venait me chercher en voiture, il me raccompagnait. Il avait des manières. J'ai conservé un faible pour les médecins. Ma mère m'a raconté un jour que le neurologue qui soignait mon père avait signé les papiers de l'assurance pour l'emprunt de la maison que mes parents faisaient construire. Il avait déclaré qu'il était guéri. Ma mère s'est toujours demandé s'il avait fait une bonne action ou s'il pensait réellement que mon père était sauvé.

*

Si j'osais, j'interrogerais Pierrot pour savoir si l'homme avec lequel il me voyait avait plutôt 40 ans ou 71 ans.

*

Comment règle-t-on l'Œdipe avec un père mort ? J'ai souvent tourné autour de cette question qui revient selon moi à poser celle de comment tuer un père déjà mort. La mélancolie, c'est, paraît-il, le moi qui s'identifie à l'objet perdu. « L'ombre de l'objet tomba ainsi sur le moi qui put alors être jugé par une instance particulière comme un objet, comme l'objet abandonné », dit Freud. Le processus de deuil des enfants présenterait des caractéristiques particulières évoquant le travail du deuil pathologique décrit par Freud, et ayant pour fonction d'éviter d'accepter la réalité de la perte.

*

J'ai trouvé beaucoup de couples de stars célèbres qui ont plus de vingt ans d'écart, mais ce n'est jamais la femme la plus âgée. Une jeunette de 20 qui aime éperdument un quarantenaire, une trentenaire qui épouse un septuagénaire à la grande limite. Les vieux sont toujours riches et/ou célèbres.

*

Ce matin, André a laissé *Le Monde* ouvert à la page du Sudoku, qu'il n'a pas terminé. C'est un niveau qualifié difficile. Je crois que depuis que je suis arrivée chez André, je m'imagine vivre avec lui. Nous avons le même rythme de vie : celui de retraité. Je pourrais vivre avec un retraité sans problème. Je nous imagine. André m'apprend la pêche à pied, la crevette bouquet, la crevette grise, la coquille Saint-Jacques, le couteau, le tourteau, la coque, la palourde, la praire, la moule, l'huître creuse, l'huître plate, le homard, l'étrille et l'ormeau. On admire les pins maritimes décoiffés et le soleil couchant qui fait rougir les rochers. Moi aussi j'ai du temps. Moi aussi j'aime les Sudoku. Est-ce qu'il trouve comme moi que mettre des chiffres dans des cases est une activité honteuse ? En même temps, jouer au football, ce n'est jamais que courir après un ballon. Je touche mon petit bourrelet de ventre qui se forme lorsque je suis assise. Il faudrait que je me remette au sport. Il faudrait tant de choses. Je pourrais tenter de finir. Je ne sais pas comment il le prendrait. Je suis convaincue qu'Antoine ne résout pas des grilles de Sudoku. Antoine va recevoir aujourd'hui mon cadeau. Aujourd'hui, c'est aussi l'enterrement de Jeanne Bardot. J'envoie un vocal à Christophe pour lui dire que tout est calé pour l'anniversaire, le traiteur et le logis. André verra directement avec le caviste de Saint-Astre. Je lui demande si ça lui plairait que je devienne sa belle-mère par alliance. Je rajoute que je vis de mieux en mieux mon emploi fictif. « En résumé mon biquet, on est mercredi et je me demande bien ce que je fous là, en tous les cas, merci pour les vacances astriennes, à moins qu'on ne dise astrales. » La réponse de Christophe est immédiate. « En parlant de vacances, regarde tes mails. Je te conseille plutôt de faire ta Vivienne Westwood ou ta Brigitte Macron ! Sans transition : je dois encore rester auprès de la truie. Bisous. » Le message de Christophe, c'est un rendez-vous pour un massage cet après-midi.

*

Chez André, lorsqu'il y a le silence, on entend un tic-tac. Normalement, je déteste ces battements pourtant discrets qui me rappellent la petite horloge dans la cuisine de ma mère et la grosse dans la pièce de vie chez mes grands-parents paternels. Je déteste la scansion du temps qui passe. Ici, c'est différent. Le tic-tac vient bien d'une horloge, mais d'une horloge des marées. Quelle marée est-il ? Je n'y comprends rien. Marée haute, marée basse, marée montante, marée descendante. Je me demande bien par quel miracle une horloge à marée fonctionne... Hier soir, j'ai osé poser la question à mon hôte. L'horloge est calibrée sur une durée moyenne de 12 heures et 25 minutes, 12 heures 25 minutes et 14 secondes exactement. C'est le temps moyen entre deux marées, hautes ou basses. Je n'ai pas osé demander si une horloge des marées fonctionnerait à Paris. Il se serait rendu compte de mon ignorance abyssale de la mer, de la vie, de la terre, de tout en fait. Pourquoi la Méditerranée n'a-t-elle pas de marée ? J'ai tenté quelques recherches. La Lune y joue un rôle important. J'ai appris que la Lune met vingt-quatre heures à faire le tour de la Terre. C'est ce qu'on appelle le « jour lunaire ». L'attraction de la Lune sur la Terre engendre les marées. On parle de « cycle ». Il y a une espèce de chamane que je suis sur Instagram qui l'autre jour a fait une vidéo sur l'influence de la Lune sur l'être humain. Elle prenait justement appui sur ce que fait la Lune à la marée. Et puisque nous, êtres humains, étions constitués à 80 % d'eau, alors on pouvait imaginer l'influence de la Lune sur nous aussi. Elle poursuivait sur le hasard, qui, évidemment, n'en est pas un, que le cycle menstruel de la femme correspond quasi au cycle de la Lune. Je suis prête à y croire sans comprendre. Après tout, c'est le principe même de la vie de croire sans comprendre. À quand une horloge des menstrues dans le salon ? La chamane déplorait que nous soyons aujourd'hui si déconnectées des phases de la Lune. Je m'imagine être une marée sous influence. L'élément Eau, l'élément des émotions. Il paraît que les femmes sont plus sensibles aux anniversaires parce que le corps féminin est relié au cyclique retour des dates du fait du cycle menstruel.

*

Je n'ai pas de notification, mais je vérifie quand même si j'ai un nouveau message. Je vais sur Instagram. Ce n'est pas un lieu, sinon on dirait je vais à Instagram. On va sur. On va dessus et pourtant on se retrouve en dessous. On utilise le mot « surfer » sur Internet, comme sur une mer. Sur la mer Insta, je regarde les autres montrer des bouts de leur vie, de leur conviction, de leur travail. Une société inconnue veut me vendre des éponges lavables. On me propose beaucoup de vidéos de chiens. De regarder un tuto pour faire une lampe moche avec des diapositives. On veut me vendre un oreiller qui me permettrait de dormir sur un nuage. Une actrice devenue réalisatrice vante une crème qui prend soin de soi en prenant soin de la nature à 280 euros le pot ; la marque vend aussi des calendriers de l'Avent en octobre à 500 euros et propose de s'enregistrer pour le compte à rebours du Black Friday. Nouffe m'offre sa vie merveilleuse. Elle a dû être élevée aux bons points. Dans *La Petite Maison dans la prairie*, elle s'identifiait à Marie, celle qui fait tout bien, qui travaille bien, qui va ramasser le bois, qui partage son pain et son chocolat. Comme elle n'a pas fini aveugle, elle nous offre les belles photos de son quotidien. Aujourd'hui, elle a mis un cliché de restes de petit déjeuner. Une légende obscure en forme de métaphore. Elle n'est pas douée pour l'ellipse, elle est bien meilleure dans la tartine de mots sucrés ou engagés. Et puis on veut me vendre un shampoing qui n'irrite pas le cuir chevelu. C'est le piège, une fois que tu regardes une merde, on t'en propose plein d'autres. Instagram ne connaît pas l'intention du surfer, alors il balance à tout-va. Ça passe ni vu ni connu dans le flux. Tout est mis au même niveau. Tiens, Nif vient d'écrire un nouveau plaidoyer. Cette fois, il s'est rendu dans une épicerie de village, qui fait aussi bistrot. Il nous raconte donc la vie des vraies gens parce que c'est important d'en parler. On sent qu'il les aime. On sent qu'il est heureux d'avoir vu des bouches édentées, des fringues d'un autre temps, une dame obèse avec des charentaises aux pieds. On a envie de demander si quand même y aurait pas des salauds de pauvres dans le tas. Les bourgeois sont des cochons et les pauvres des bons. Ils sont ouvriers ou artisans. Ils ont en commun d'avoir les ongles propres mais cabossés. Il est en surplomb avec sa caméra ou son carnet. Il est sincère notre intellectuel. Il a de l'empathie au bout des doigts. Il n'a pas peur d'écrire avec le cambouis des autres, le cambouis, c'est son encre.

*

La vie parfois, c'est rouler en agglomération coincée derrière un car qui te bouche la vue avec des gosses à la fenêtre qui te font des doigts et lire le temps du feu rouge l'encart qui prévient qu'il faut faire attention aux angles morts.

*

La cahute d'Angélique se trouve en bord de mer. Ici personne n'appelle la mer par son nom. La Manche, c'est moins classe que l'Atlantique. Moins classe que l'océan. La Manche est une mer épicontinentale de l'océan Atlantique. J'ai lu que la profondeur des mers épicontinentales dépasse rarement 200 mètres. D'ailleurs, le point le plus profond de la Manche est de 180 mètres. Vertigineux. Je fais le calcul, il faudrait environ 130 personnes à se faire la courte échelle pour remonter à la surface. La Manche a une frontière ouverte avec l'océan. En géologie, on dit que les mers épicontinentales sont des mers créées par des « transgressions marines ». La Manche est un bras de mer. Peut-être que dire « la Manche », ça fait trop penser aux dizaines de milliers d'immigrés qui tentent de rejoindre l'Angleterre.

*

Christophe, cet amour. Est-ce que l'amitié ça s'entretient par des actes, des gestes, comme l'a déclaré Patrick Bruel sur France Bleu Armorique ? J'aime ce rendez-vous pris pour moi. Un jour et une heure. Je n'ai plus qu'à obéir à la douceur. Je déteste les nouveaux cadeaux, les bons ou les cagnottes. Offrir un bon et offrir un rendez-vous précis viennent peut-être de la même intention, mais ne procurent pas le même effet. Là, c'est un don qui dit « laisse-toi faire ». L'endroit est niché près de l'école de voile, avec une vue mer. Une petite cabane en bois et un parasol rond à pampilles couleur kesa bouddhiste. Au sol, des plateaux forment de petits lacs sur lesquels des fleurs se bercent au gré du vent léger. Angélique m'accueille avec un grand sourire. Pas de surenchère dans le vocabulaire. M'installer en ne gardant que ma culotte, dire s'il y a des parties du corps que je ne souhaite pas qu'elle masse. Elle sort pour me laisser me dénuder. Je n'ai aucune appréhension. Je délivre mes gants de toilette du soutien-gorge qui les soutient à peine. Je ne veux plus m'embêter avec des armatures, des push-up, des balconnets inconfortables. J'ai vu une publicité sur Instagram pour un soutien-gorge qui « nous mérite ». Parce que les armatures, en comprimant les canaux lymphatiques, empêchent les toxines de s'éliminer, les laissant s'accumuler dans nos seins. Si ça se trouve, mes seins sont raplaplas parce qu'ils n'ont plus de toxines. Angélique rentre à nouveau dans la cabane me trouvant allongée comme elle me l'a demandé, sur le ventre, sous les douces serviettes. Elle s'assure que je n'ai pas froid. Elle met une musique qui m'emmène à Bali, une destination de ce genre. J'ai la tête dans le trou de la table prévu à cet effet. Enfin, je peux faire l'autruche. J'essaie de ne penser qu'aux mains d'Angélique et de ne penser à rien. Mais la roue du hamster est en marche. Penser à rien, est-ce seulement possible ? Je reviens aux gestes d'Angélique et j'imagine que ce sont les mains d'Antoine qui caressent mes jambes. Je me ressaisis, j'imagine un lieu où l'on ne verrait pas son masseur ou sa masseuse. Qu'est-ce que ça changerait ? Pourrait-on deviner si c'est un homme ou une femme ? Est-ce délicat pour un homme de se faire masser ? Est-ce qu'il peut raisonner son zizi ? Un homme peut-il retenir une érection ? Est-ce que le pénis, c'est comme un petit chien à qui l'homme peut dire couché, assis ? J'essaie de rester à Bali, mais je pense à Laurent et son désir pour cette femme avec qui il n'aura pas d'enfants. Je tergiverse, c'est mieux, c'est moins bien ? Sophie, comme une consolation, m'avait dit que je resterais la mère de ses enfants. Moui. Elle avait aussi dit que désirer ailleurs un temps n'était pas ne plus aimer. Elle avait dans son cabinet des couples qui se reformaient après une rupture temporaire. Mais je sais que la nôtre est définitive. Angélique masse mon crâne.

J'adorais quand mes filles jouaient à la coiffeuse avec moi. Elles me brossaient les cheveux maladroitement, avec peu de douceur, ça tombait bien, je ne suis pas sensible. J'ai interprété beaucoup de rôles pour elles : l'élève, la cliente du restaurant où l'on me servait des soupes de fleurs, des gâteaux de sable, la patiente qui avait mal au bras à qui on faisait une piqûre avec un cure-dents, à qui on collait un pansement avec Blanche-Neige dessus. Mes filles ont grandi, elles ne jouent plus beaucoup. Une danse parfois sur une chanson idiote. J'ai peur pour elles. J'ai peur de la peine qu'elles auront de me perdre un jour. Je ne comprends pas comment on peut vivre le cœur léger quand on sait que l'irrémédiable arrivera. Est-ce que la médiatisation des obsèques des gens connus raconte ça ? Que oui, on est tous dans le même bateau de la mort. Je reviens à Angélique que je n'entends pas respirer, dont je sens seulement les doigts palper mon ventre. Je n'ai plus la tête dans le trou mais le regard vers le ciel, dans la position de la défunte qu'on embaume. Je veux arrêter de penser à ça. J'essaie de ne penser à rien.

*

Je joue un moment avec Toscane et puis je m'assois pour vérifier ma messagerie Instagram que je rafraîchis sans succès. J'ai aussi un compte que je n'alimente plus. Moi aussi j'ai vécu des moments en pensant que j'allais en faire une publication. Regardez le spectacle que je suis allée voir. Regardez la scène incongrue à laquelle j'ai assisté. Regardez comme je suis belle sur cette photo l'air de rien. Voyez comme j'ai des amis. Moi aussi j'ai planché sur des # originaux, audacieux, extrêmement doux ou insolents. J'ai réagi aux publications des autres en essayant de me faire remarquer. J'ai été déçue parce que la personne n'a pas même mis un cœur. J'ai décortiqué les commentaires et j'ai vu que l'auteur de la publication avait répondu à certains, mais pas à moi. Instagram, c'est la cour de récréation avec les populaires et les losers.

*

« On sait bien tout ce que produit la chair : fornication, impureté, débauche, idolâtrie, magie, haines, discorde, jalousie, emportements, disputes, dissensions, scissions,

sentiments d'envie, orgies, ripailles et choses semblables. »
Saint Paul, Épître aux Galates

Il suffit de remplacer « la chair » par « les réseaux sociaux ».

*

On a filmé ses obsèques. On a pris des photos des célébrités qui étaient invitées. Je me suis demandé à quoi pouvait bien ressembler une invitation à un enterrement. Pour les autres, un écran géant a été installé à l'extérieur de l'église. Une personne brandit une pancarte comme dans une manifestation. C'est moche, mais c'est fait avec les mains et le cœur. Tous les médias ont retransmis, communiqué. Le compte Instagram d'un hebdo proposait de *revoir les moments forts*. On voyait les stars descendre de leur taxi, lunettes de soleil pour cacher les yeux rougis. La maison de la star à Saint-Astre fait déjà polémique. Les fans s'étripent sur le manoir breton. Une publication, 638 commentaires, 322 partages. Monique espère qu'une des filles de la star gardera cette maison, qu'elle continuera à la faire vivre. Soazic précise que le manoir a appartenu à la grand-mère de sa meilleure amie qui y a passé des vacances en famille lorsqu'elle était enfant. Gérard répond à Monique qu'on s'en fout bien de savoir ce que deviendra cette maison. Jean-Claude balance que Michel Bégon, lui, est mort dans l'indifférence totale. Ghislaine sur un ton fâché en lettres capitales dément que la star ait voulu un jour se séparer de la maison. Lydie dit que la maison est sous protection policière pour éviter qu'il se passe la même chose que pour la maison de Paco Rabanne. Marc demande ce qu'il s'est passé. Anne pique le scoop à Lydie en dégainant plus vite qu'elle et répond que sa maison a été cambriolée pendant son enterrement. Marie pour sa part a suivi la cérémonie depuis sa Normandie avec émotion et a écouté tous les titres de Jeanne, sa manière à elle de lui rendre hommage. Françoise s'énerve qu'on parle d'héritage alors que les filles de Jeanne ont bien d'autres soucis en ce moment. Et que perdre sa mère est un ÉNORME chagrin. *Ce serait sympa de respecter le deuil de Billie et Blue, remarquables de dignité et d'humanité pendant les obsèques* et finit par ce grand cri, *Il n'y a plus de respect dans ce monde* avec pas moins de cinq points de suspension. Isabelle dit qu'elle pleure encore et déplore que, décidément, ce sont toujours les meilleurs qui partent en premier. Marlone raconte qu'il a travaillé dans cette maison en 2003 pour une entreprise et que Jeanne à aucun moment ne *c'est senti supérieur a nous*. Ghislaine a vu à la TV une voisine qui venait déposer des fleurs. Et puis des *courage à la famille* et une information exclusive d'Évelyne : *Jeanne possède une autre maison en Bretagne.*

*

Que deviennent les comptes Instagram des gens morts ?

*

Lorsque nous passons à table, André me confie sa fatigue. Nous avons pris notre bain ensemble. Dit comme ça, on nous imagine tous les deux nus dans une baignoire pleine de mousse. Ici, le bain, c'est le bain de mer. Les vrais le prennent toute l'année. Je suis bluffée par l'effet post-orgasme de cette pratique. Un bain de mer, c'est un shot d'ocytocine. Je comprends mieux la chanson «J'ai fait l'amour avec la mer» de Véronique Jannot. Une étude a montré qu'un orgasme stimule l'ensemble du cerveau alors que la résolution d'un Sudoku n'en active que des régions limitées. Le bain de mer, comme l'orgasme, est bon pour le cœur. André me trouble, mais je sais que c'est une chimère. Je réalise peu à peu que Christophe m'a organisé un voyage personnalisé. André est un refuge. Christophe m'a offert du temps, le temps de fuir ce que j'avais du mal à intégrer. André me propose de regarder avec lui l'émission littéraire dans laquelle Bianca est invitée pour parler de son livre. Je peux difficilement refuser.

*

Bianca est très belle avec son sourire j'ai-fait-de-l'orthodontie-dès-le-collège. Elle parle avec aisance, ses lunettes de vue Chirac sur le nez et sa chemise bleue oversize, ses initiales brodées au niveau du côlon transverse. Elle fait partie de celles qui ont intégré dès leur plus jeune âge que quelle que soit l'école, elles seraient au-dessus du panier, qu'elles seraient aimées des professeurs, qu'elles iraient en prépa, dont elles diront plus tard «j'étais douée alors je suis allée en prépa». Leurs pères sont académiciens, journalistes, historiens, anthropologues.

Perdre sa mère, ça fait mal, si je dois résumer le propos de Bianca. Elle a eu beaucoup de presse. Elle a beaucoup de crédit. Des lectrices leur ont dit merci. Bianca, elle, ne s'est pas tournée vers les chips, la bière et Netflix pour se consoler, mais vers la littérature. Et là, bam, ça ne console pas la littérature qu'elle nous balance comme ça ! Comment ? fais-je, les yeux grands écarquillés. Elle conclut en disant que nous sommes inconsolables de la mort de ceux qu'on aime. Elle parle comme elle écrit, elle parle comme dans un livre. Elle parle sans jamais éluder une négation. Elle ne dit pas « je peux pas », mais bien « je ne peux pas », d'ailleurs je vois pas, je ne vois pas, à quelle occasion elle pourrait dire qu'elle ne peut pas, tant elle paraît tout pouvoir. Ce n'est pas le petit chat qui est mort, c'est la mère, et justement on lui a offert un petit chat pour tenter de la consoler. Bon, heureusement, « maman », comme elle dit, a gardé son intelligence et son humour jusqu'à la fin. Elle s'inscrit en faux ou elle s'inscrit résolument. Elle est tranchée. Mais jamais véhémente, non, ça non. Elle assène avec douceur et assurance. Elle et une autre intellectuelle qui a perdu son père nous donnent pour ordonnance de faire du beau avec la mort. Et de s'enthousiasmer sur « en lieu et place d'une tombe, choisir un morceau de musique, une œuvre d'art, etc. » Je ne me suis pas rendue sur la tombe de mon père depuis trente ans. Sa tombe est lugubre comme 90 % des tombes des cimetières français. Qu'ai-je fait de beau avec la mort de mon père ? André s'est endormi.

Toujours aucun message d'Antoine. André ne ronfle plus vraiment, il ronronne maintenant. Je suis certaine que si je m'approchais, je verrais les poils de ses oreilles onduler légèrement. Je n'ose pas le réveiller. Je ne sais pas si je dois le laisser là non plus. Je le regarde et lui suis reconnaissante pour sa gentillesse. Pendant le dîner, il m'a demandé si je pouvais rester encore quelques jours pour garder Toscane. Comme si c'était moi qui lui rendais service. André échappe à la dernière invitée littéraire.

Elle porte un prénom de fruit. Elle a une voix de petite fille qui s'étonne en continu. Pour elle, tout est normal. Ce qu'elle fait, sa vie d'artiste et d'écrivaine, c'est normal, son père était artiste peintre, sa mère normalienne, donc c'est normal. Elle parle de son amour pour Roald Dahl, qu'elle prononce « Rold Doooool ». Le présentateur dit qu'il va le prononcer à la française pour que tout le monde comprenne. Il dit « Rohalde Dalle ». Elle est très attachée à ses livres, elle est « dingue » (rires), elle est « une grande lectrice », elle respire ses livres, chaque lecture est associée à un souvenir, à une odeur, même ses livres de poche. Elle parle comme Angélique marquise des anges qui aurait bouffé le Petit Prince. Elle a vu des gens qui cornent leurs livres, ça la rend malade. L'animateur surenchérit :

– Ah oui, et les gens qui reposent les livres ouverts, pour garder la page.

Elle : Han non, vous faites pas ça quand même ?

Lui : Ah nan mais jamais de la vie vous pensez bien. (rires)

Elle : Ahhh, ça va. (rires)
Bianca : (rires)
Les autres invités : (rires)
Le public : (rires)

Et puis lui il finit par dire que chacun fait comme il veut, c'est ça qui est bien aussi avec le livre. De temps en temps, elle rit et se demande tout haut si ce qu'elle vient de dire a du sens. Elle est tellement drôle qu'elle s'étonne d'elle-même.

Lui : Qu'est-ce qui vous est le plus difficile ?
Moi : Vous écouter sans doute.
Elle : Le réel, le quotidien.

Elle donne des exemples, les factures, ça ne l'intéresse pas. Ce qui l'intéresse elle, c'est de lire des histoires formidables, d'écouter des chansons formidables et d'être emballée par des bonnes idées, mais alors faire des comparatifs de crédits bancaires, ça, c'est vraiment difficile pour elle.

Lui : Quels sont vos héros ?

Aucun, à part son père. Elle adore les échecs et les losers. Je lui ferme le clapet, le clapet de son indécence.

Je laisse André ronronner et je sors dans le parc prendre l'air avec Toscane. Je regarde l'arbre éclairé par la lune, celui avec l'écorce peau de crocodile. Je me sens d'humeur mystique. Je pourrais devenir folle. Ce serait pratique. Rien ne me concernerait. Je serais hors-sol. Je pourrais me faire un peu de fric quand même, avec des gens qui croiraient en mon pouvoir. Je me spécialiserais en plage et petite forêt. Petite cascade à vœux. Coquillages porte-bonheur. Arbres à émotions. Rochers consolateurs. Je pourrais aussi apporter du bien-être aux femmes ménopausées. Mon arrière-grand-mère arrêtait bien le sang. Don que personne n'a jugé bon de transmettre à l'époque, la génération future ayant les yeux tournés vers la ville, la modernité. C'était des trucs de vieux paysans moribonds dont il fallait taire les croyances. RIP la vieille avec ses trucs de rebouteux.

*

On est bien peu de chose
Et mon amie la rose
Me l'a dit ce matin.

Je suis bien peu de chose
Et mon ami l'Insta
Me l'a dit ce matin.

*

De retour dans le salon, Toscane a sauté sur son maître endormi. Nous nous sommes souhaité bonne nuit et chacun a regagné ses pénates. Une fois couchée dans la chambre rose, les dents lavées, je découvre la pastille miraculeuse qui porte le chiffre 1, à l'angle de l'icône Instagram. Mon cœur fait des bonds que j'essaie de tempérer. Si ça se trouve, ce n'est pas Antoine. J'ouvre l'application du bout de mon index. J'appuie sur la pointe en forme de voile de cerf-volant et m'envole en découvrant le joli prénom Antoine affiché en haut de la liste des messages. Je peux lire le premier mot *MERCI.* J'hésite à lire en entier le message tant attendu. Je souris béatement sous la couette. Je pose le téléphone à côté de moi, comme si mon téléphone était Antoine. Je savoure. Et puis je craque. *Merci Camille. J'adore mon bol. Il ne manque plus que la vodka!* Je suis déçue. Il ne manque plus que la vodka? J'aurais aimé qu'il ne manque plus que moi. Je retourne sur la liste des messages. Je n'en ai pas d'autres. Je reprends espoir lorsque je vois *En train d'écrire…* sous le prénom Antoine. Et puis plus rien. J'attends. Rien ne vient. Antoine a renoncé à écrire autre chose. Je cherche ce que je pourrais répondre. Avec plaisir? J'arrive avec la vodka? La vodka vous manque et tout est dépeuplé? Je suis vexée. J'appuie longuement sur son message super décevant « pour envoyer une super réaction » selon les termes de l'application. Je choisis le cœur rouge parmi la présélection. Voilà, j'ai collé une gommette toute prête. Il apparaît en bas à gauche de son message. Je ferme l'application et je me renfrogne. En l'espace de quelques secondes, espoir, désespoir. Je n'arrive pas à trouver le sommeil. J'entends une chouette ou un hibou ululer. Je me relève pour ouvrir la porte-fenêtre. La mer semble très loin. Elle me laisse profiter du hou-hou apaisant de la « guetteuse mélancolique », comme l'appelait mon grand-père.

Mercredi 28 avril
Journée mondiale de la sécurité et de la santé au travail

Que vais-je faire de ma vie ? Laurent a dit que l'argent ne serait pas un problème. Il n'a pas parlé de divorce. Moi non plus. Je ne travaille plus depuis si longtemps. Je ne me sens capable de rien. Mais ce retour, je dois en faire quelque chose, je dois en faire autre chose qu'une cristallisation affective sur André ou Antoine. Je passe mon temps à le perdre. Il paraît que c'est le cortex orbitofrontal qui gère les objectifs de long terme. Il doit être totalement inhibé chez moi. Si ça se trouve, j'ai le cortex orbitofrontal lésé et je ne le sais pas.

*

– C'est une crépidule.

Mon regard suffit à André, qui poursuit.

– Les crépidules sont des gastéropodes transsexuels. Ils naissent mâles et se transforment en femelles. Devenue grosse femelle, elle accueille de jeunes mâles qui viennent s'empiler sur son dos et deviennent à leur tour femelles.

La nature est transgenre.

André est resté un peu ce matin. Nous faisons une balade ensemble sur la plage. Il s'est rappelé qu'il était invité à l'anniversaire d'une amie et me propose de l'accompagner. Départ 20 heures. Je n'ose pas lui demander l'âge de l'amie. Si c'est ambiance banquet de vieux. Je me souviens de mes grands-parents qui rapportaient le menu des repas solennels, communions, baptêmes, mariages, banquets de conscrits. Ils nous racontaient la journée par le menu, au sens propre. Nous avions droit à l'énumération des plats depuis l'entrée jusqu'au dessert. Une fois le menu commenté, on savait ce que la vieille Machin devenait, à côté de qui elle était assise et ce que son dernier petit-fils faisait comme métier. On savait comment elle était habillée ou plutôt de quels oripeaux elle était affublée.

Ceci dit, je n'ai pas beaucoup de craintes avec André et Saint-Astre. J'imagine une demeure chic et chaleureuse avec des invités riches et souriants. J'accepte la proposition. Il ne rentrera pas tard. « Nous aurons le temps d'un bain », me dit-il avant de me laisser avec Toscane sur la plage. Je serai triste quand je partirai.

*

Vu il y a 3 min
Vu il y a 1 h
Vu il y a 6 h

*

Vu samedi
Vu dimanche
Vu lundi

*

Saint-Astre est une station balnéaire qui a fait le choix du baladoir. Je ne connaissais pas le terme « baladoir » quand André l'a employé la première fois. Le baladoir réunit piétons et cyclistes sur un même trottoir. Et je dois dire que pour l'usage que j'en ai fait jusqu'à présent, c'est assez dangereux. Les cyclistes se sentent étrangement prioritaires. Paris, Saint-Astre, même mobilité douce *my ass*. Il doit y avoir un phénomène étrange (grisant, les cheveux au vent, aller plus vite que le piéton, la liberté sur son petit véhicule écologique et individuel ?) qui transforme un piéton sympa en connard à vélo. Les vélos dits « musculaires » se font de plus en plus rares, pour laisser la place aux cycles électriques, de plus en plus gros. Bientôt, les vélos améliorés feront la taille des voitures. On roulera en Rosalie électrique dans les rues de Paris, à contresens, sans casque et on fera la nique aux autres véhicules. Il faudrait faire un tee-shirt à message *Fuck les vélocipèdes*. Ils klaxonnent pour annoncer leur arrivée. Quelques rares espèces civilisées remercient de s'être poussé lorsqu'elles arrivent à notre niveau, pour minimiser le coup de klaxon, pour le qualifier a posteriori de gentil avertissement. Ça doit foutre les boules à la mer d'avoir des locaux aussi prétentieux. La mer, cette humilité incarnée qui avance autant qu'elle recule. Une dame a manqué de nous renverser Toscane et moi sans un regard. C'est fou comme l'absence de regard peut être violente. Comme on peut se sentir dévasté de ne pas être regardé. C'est comme les gens qui marchent et jamais ne font un pas de côté pour qui arrive devant. Je fais partie de ceux qui ont le réflexe de dire pardon et qui, la seconde suivante, enragent de l'avoir dit, de s'être frottés au crépi rugueux afin de céder le passage.

En rentrant de commissions, je boulotte un pain au chocolat sur la balade de bord de mer. Des Parisiens sont arrivés sur leur planète B. Je croise une famille avec la poussette à la mode, une Séraphine aux cheveux miel et un petit Auguste encore vacillant qui court derrière sa sœur. Les enfants ne font pas attention aux gens et les parents s'en foutent. Ils sont chez eux et le territoire appartient déjà à leurs enfants. Je m'arrête et me mets sur le côté après que Séraphine sur trottinette m'a écrasé le pied. Je laisse passer la cour. Alors que je mords une bouchée avec un gros morceau de chocolat dedans, un cri me fait me retourner. La gamine est vautrée au sol. Le père veut minimiser les faits, mais la mère s'agenouille auprès de l'enfant braillarde et la couvre de mots sucrés. Auguste en profite pour récupérer la trottinette. La mère, je crois entendre Domitille, prend dans ses bras Séraphine, qui hurle de plus belle. Le père se met au volant de la poussette. Je reprends un croc de ma viennoiserie au chocolat et c'est Auguste qui se croûte à son tour. Je me réjouis de mon pouvoir. Je pense à la publicité Crunch dans laquelle une jeune fille, à chaque fois qu'elle croquait dans sa tablette de chocolat, provoquait une catastrophe autour d'elle. C'était mon dernier morceau. Dommage.

*

En rentrant, je me suis mise à reposter les dernières photos reçues des amis de Bianca sur le compte *50 whishes*. Dans la foulée, je m'inscris sur un site au slogan prometteur « Print your life ». Leur philosophie est de donner vie à notre monde numérique. L'application recueille les images. Le livre à la qualité de papier Silk, semi-brillant, 80lb/130gr, couverture rigide mate, arrivera dans sept jours chez André. Le livre *Un beau florilège de clichés souvenirs* dans lequel Bianca pourra se mirer. Plus je regarde les photos et plus Bianca me fait penser à Martine, l'héroïne qui « vit des aventures simples ancrées dans le quotidien ». Je rajouterais dans *un* quotidien : « hyper bourgeois ».

Bianca en voyage
Bianca à la mer
Bianca à la montagne
Bianca en bateau
Bianca à la maison
Bianca en avion
Bianca monte à cheval
Bianca petite maman
Bianca fête son anniversaire
Bianca embellit son jardin
Bianca petit rat de l'Opéra

Bianca fait la cuisine
Bianca fait de la voile
Bianca fête maman
Bianca la nuit de Noël
Bianca va déménager
Bianca se déguise
Bianca au pays des contes
Bianca, princesses et chevaliers
Bianca en Bretagne
Bianca au Bon Marché

*

Je me demande ce que je vais bien pouvoir mettre ce soir. Je vais dans la chambre rose et explore la penderie dans le détail. Est-ce que j'oserais piquer une fringue si toutefois je rentrais dedans ? J'imagine qu'André n'a aucune idée de ce qui s'y loge. Il n'y verrait que du feu. Ce ne sont pas les vêtements de Laure ni de Bianca. Je n'ai à vrai dire à peu près rien vu du reste de la maison. Je pourrais m'aventurer dans une visite secrète des étages, mais je me l'interdis. André, comme la Barbe bleue, est un homme qui a *de belles maisons à la ville et à la campagne, de la vaisselle d'or et d'argent, des meubles en broderie, des carrosses tout dorés*. André, comme Barbe bleue, a des femmes dont on pourrait se demander ce qu'elles sont devenues. La mère de Bianca est morte. Laure est partie en Inde. André, comme par hasard, s'absente le jour en me laissant les clés de la maison. La maison pourrait abriter un escalier dérobé, menant à un petit cabinet au plancher couvert de sang caillé. Je regarde mes bras dont les biceps commencent à ressembler aux pendeloques du dindon. J'exagère, mais depuis que j'ai passé 50 ans, j'ai du mal à me mettre en short et marcel. Cinquante ans est un âge compliqué pour s'habiller, si l'on n'a pas la taille mannequin. Il ne faut s'habiller ni trop jeune ni trop vieux. Trouver la tenue qui rajeunit sans en faire trop. J'aurais pu aller chez le coiffeur. Si j'avais su, j'aurais entamé un régime deux semaines avant. Si j'avais su, rien n'aurait changé probablement. Le temps où l'on se maquille collectivement en culotte avant une fête est bien mort. Avant, on se prêtait tout, les soutiens-gorge, les strings, les rouges à lèvres, les mascaras. La fête résidait autant dans la soirée elle-même que dans les préparatifs, avec la musique à fond, le Get 27, et les clopes au bec.

La seule robe noire dans laquelle je ne suis pas boudinée est trop décolletée. Ça ferait trop *sugar baby* et *sugar daddy*. Encore que je ne sois pas certaine qu'on puisse qualifier une femme de l'âge de Mrs Dalloway de *sugar baby*. *Sugar boomy*? Rien d'autre ne me va et de toutes les façons, je n'oserais jamais porter un vêtement emprunté dans cette armoire. Je me poste devant le miroir de la salle de bains et épile deux poils au menton. Le sentiment d'enlever des échardes une à une. J'ai découvert il y a peu que la première épouse de mon grand-père maternel s'appelait Jeanne Aupoil. Pas terrible comme nom de famille. La Jeanne Aupoil en question a eu un enfant avec un ami de mon grand-père pendant que ce dernier était prisonnier de guerre au Stalag IV B. Pas terrible comme histoire. Nicorette.

*

Bain de 18 heures à marée haute. Ce soir, j'ai eu l'impression de sortir de l'eau en Ursula Andress. C'est la faute à l'ocytocine intracérébrale que je sécrète dans l'eau de mer à 17 degrés. André en Sean Connery années James Bond n'a pas entonné « Underneath the mango tree » d'une voix enchanteresse et je n'étais pas en bikini. Le jour fameux de la Saint-Valentin de l'année 2001, le deux pièces de Honey Rider s'est vendu à 60 000 livres lors d'une enchère organisée par Christie's. Personne n'achètera jamais le une pièce noire que je porte sur la plage astrienne.

*

Je mets le paquet sur les paupières et sur les cils. J'attache mes cheveux en queue-de-cheval. Je ne suis pas Ursula Andress, mais je me sens de mieux en mieux.

*

Camille va en soirée avec le père de Martine
Camille est une *sugar baby*
Camille roule une pelle au père de Martine
Camille organise l'anniversaire surprise de la future femme de son meilleur ami
Camille cherche une réplique à écrire à Antoine
Camille en Bretagne
Camille se fait larguer

Camille a 52 ans
Camille est une invitée collatérale

*

Je suis de nouveau présentée comme l'amie qui organise l'anniversaire surprise de Bianca. La maison est imposante, avec les mêmes attributs que celle d'André, des tableaux, des photos des membres de la famille nombreuse, du bon goût, une vue mer. Un entre-soi qui me rappelle l'expatriation. Je regarde les chaussures des femmes. Je suis la seule à porter des baskets. La tenue de mise est plutôt robe noire et escarpins. Alors qu'André est accaparé par des invités de son âge, je sens la gêne monter. Elle arrive à son apogée lorsque je croise le regard de la mère de Séraphine. Je demande si je peux me rendre utile. On m'assure que non, alors que les femmes s'agitent autour des cakes à trancher et des salades à mélanger. Je demande où sont les toilettes. C'est simple, au bout du couloir en face. Je verrouille la porte avec empressement et m'assois sur le trône tout habillée sans relever l'abattant. D'une petite lucarne, on voit un bout de jardin éclairé par des lampions. Je m'imagine me sauver par cette issue, puis je souris. Il suffit de passer par la porte d'entrée. Le papier toilette est blanc et épais. Au moins triple épaisseur. Il y a un distributeur de savon à la vanille sur le rebord du lavabo. Je déteste l'odeur de la vanille dans les produits d'hygiène. Un essuie-mains en lin lavé bleu pétrole. Pas de lecture. Même pas un magazine dans lequel lire un horoscope foireux qui aurait dit : « Poissons, l'amour n'est pas pour vous cette semaine. » Le bruit de la poignée de la porte qu'on active de l'autre côté me sort de ma déception. Je me retrouve à faire les bruits qu'on attend dans ce lieu. J'ouvre l'abattant avec frein de chute et suis horrifiée par les traces marron laissées par le prédécesseur. Le comble. Je prends la brosse de toilette et me retrouve à nettoyer, un haut-le-cœur au bord des lèvres. Je tire la chasse d'eau et me récure les mains comme si elles avaient été en contact avec l'intérieur des toilettes. Je sors, honteuse de je ne sais quoi dans un relent de vanille. Je bredouille un pardon pour laisser entrer la génitrice de Séraphine-croûtes-aux-genoux. Elle me sourit de sa hauteur de belle blonde. Je scrute l'immense salon à la recherche d'André. J'ai envie de pleurer. Les vacances de Pâques ont commencé, les générations s'empilent. J'ai l'impression de ne voir que des couples épanouis. Et même si certains jouent forcément la comédie, je l'aime aussi, cette comédie-là. Je maudis tout ce qui va par deux, couple, duo, tandem, doublet, pariade. Les couilles. Le side-car, c'est bien con ça, autant être dans une voiture sans permis, au moins t'es à l'abri quand il pleut. Je passe près du buffet et m'arrête prendre en photo la bouteille de vodka Beluga exposée dans un seau de glaçons. Je me glisse aux côtés d'André, qui me fait une place dans le cercle qu'il forme avec des vieux de son âge. On pourrait diviser l'assemblée de femmes en deux. Les retouchées et les naturelles. Je caresse mon alliance que je n'ai pas enlevée. Une amie d'André vient me parler, sans doute par curiosité. Si ça se trouve, ça se voit que je suis une femme qu'on a quittée pour une autre. Si ça se trouve, j'ai un poisson d'avril collé dans le dos avec écrit dessus : son mari l'a quittée. La femme repart virevolter parmi les invités, une bouteille à la main, en quête d'honorabilité. Son poisson d'avril à elle dit « c'est une amie intime des hôtes », « c'est une amie fiable et fidèle ». Je comprends que la jeune maman est la fille de la propriétaire et fêtée de la maison. Je regarde les femmes de ma génération. L'enjeu est de ne pas faire son âge. Fini les Miss tee-shirts mouillés. Ce soir, on élit Miss culotte gainante. En fibre de bambou bio pour les bobos. Je me dis que la cinquantaine est la dernière décennie fêtée dignement. Les 60 ans font rarement l'objet d'une fête. Ou bien, on appelle ça un banquet. Les gens y sont assis. La bouffe devient importante. On y soigne le menu. Les 50, on danse encore, mal et comme des vieux, mais tout de même, on y va. On y croit encore.

*

Un homme à qui je donnerais bien 60 ans s'approche et embrasse André chaleureusement.

– Alors pendant que le chat dort, les souris dansent ?

Je fais comme si je n'avais pas entendu. Je me demande ce que va répondre André.

– Rien ne t'échappe, cher Gabriel, à part peut-être un peu de finesse. Je te présente Camille, une amie de Christophe et Bianca.

Gabriel sourit jaune. On se dit mutuellement enchantés et je me retrouve à sauver Gabriel le gros lourd qui commence une phrase à l'attention d'André alors que ce dernier est déjà pris dans une autre conversation. Je suis témoin de celui qui parle et que personne n'écoute alors je maintiens son regard pour ne pas l'humilier. Je ne sais pas pourquoi j'ai pitié de ce crétin. Nous sommes sauvés par le gâteau qui arrive sous l'extinction des lumières et la chanson joyeux anniversaire accompagnée au piano par une des convives. Je croise le regard d'André qui a l'air de s'excuser. Mon sourire lui dit que ce n'est pas grave. Il s'approche et colle sa bouche à mon oreille pour chuchoter: « Évasion ? » J'opine du menton.

*

Au Japon, où l'on célèbre les anniversaires de façon solennelle, la quarantième année est appelée « début de la vieillesse ». Cela viendrait d'une phrase de Confucius : « à 40 ans, je ne m'égarais pas ». Je me trouve bien égarée.

*

Une fois dehors, André me couvre de sa veste. On se croirait dans un film avec ce geste romantique, suranné. Je n'ai rien demandé, j'ai à peine frissonné. Un truc de vieux ? Un geste patriarcal ?

– Je suis désolé, Camille.

Je ne sais si ce sont les mots affectueux d'un père à sa fille, les mots tendres d'un homme pour une femme, une parole attentionnée d'un ami. Je ne sais pas quoi répondre. Que dire de cette soirée où j'aurai bu une coupe de champagne, été prise pour la maîtresse d'André et nettoyé les chiottes ?

*

Dans mon lit, je me demande si mon exfiltration soudaine et clandestine a été le fruit de la volonté de m'épargner plus longtemps cet anniversaire profondément ennuyeux ou bien si André a souhaité entretenir l'ambiguïté. Il n'a dit ni au revoir ni merci à personne. Nous avons filé en douce. Je me fais sans doute des idées, il aura envoyé un mot d'excuses une fois rentré, ou il avait prévenu qu'il ne faisait que passer. Je me mets au lit et prends mon téléphone, recadre la photo de la vodka Beluga et l'envoie à Antoine, avec pour message *j'ai la vodka*. Je me relève pour ouvrir la porte-fenêtre. La chouette, ou le hibou, est toujours là. La mer aussi. Ce serait encore plus triste de se sentir triste dans un si bel endroit. Être malheureux à Sarcelles ou à Béthune, c'est cohérent, « ce qu'il fait à l'intérieur se voit à l'extérieur », comme le bifidus actif dans le yaourt Danone. Je regarde les étoiles pleines d'espoir.

*

Envoyé il y a 1 min
Envoyé il y a 3 min
Envoyé il y a 5 min

*

Vu il y a 1 min
Vu il y a 3 min
Vu il y a 5 min

*

Y a-t-il plus triste que « aucun nouveau message » ?

*

Y a-t-il plus réjouissant qu'aucune lettre dans la boîte aux lettres étant donné qu'on ne reçoit plus que des factures et des avis d'échéance par courrier postal ?

Jeudi 29 avril
Journée internationale de la danse

Il a liké le message. Je suis de nouveau déçue. Mais je me dis ce matin que c'est peut-être une bonne fin. Un cœur sur le message, c'est mieux que *vu mercredi*, c'est mieux que rien comme on dit. Je continue à marcher. Toscane devant moi renifle tout sur son passage. Elle vit dans l'instant présent. Repousser quelqu'un avec un cœur, l'intention est bonne. C'est ce que je me dis. Un va je ne te hais point avec un cœur qui dirait point, point final. Sur la plage, je lis les messages écrits sur le sable. Les initiales DM avec un cœur, le prénom Marie, un *happy birthday* et une bite dessinée, sans les poils. Étonnant à Saint-Astre. Je dessinerais volontiers une vulve à côté. On dessine beaucoup trop de bites et pas assez de vulves. Il faudrait créer un #dessinonsdesvulves. Je prends en photo l'œuvre et l'envoie aux amis qui apprécieront. Un peu plus loin, j'observe une *crepidula fornicata* quand mon téléphone émet le gazouillement propre à Instagram. Je regarderai une fois arrivée au banc si c'est un message d'Antoine. Le temps d'y parvenir, ce sont deux autres gazouillements que j'entends. Je m'assois et je fais une prière à la mer. C'est bien lui. Je souris. Je ressens de la joie et mes lèvres forment un sourire. Je décide de garder le cadeau empaqueté et je double le temps de la balade. Je souris à la mer, aux pins, aux *crepidula fornicata*, aux algues, au ciel, à l'eucalyptus au tronc camouflage militaire. Je remercie l'aigrette, je remercie Toscane qui me porte chance, je remercie le coquillage rose qui s'est mis sur mon chemin. Je saisis une valve de coquille Saint-Jacques et j'écris comme une gamine romantique et ridicule *Antoine* sur le sable. J'attends parce que je suis sage et raisonnable. Je ne veux pas risquer de répondre trop vite. Les réseaux sociaux sont des îlots de tentations. Il n'en restera rien. Il est étonnant que rien ne soit encore proposé pour publier les échanges de messages numériques. Les photos oui, comme le livre que je ferai imprimer pour Bianca. J'émets des hypothèses sur sa réponse. Elle annonce peut-être la fin. Une façon de me dire que ça suffit maintenant, qu'on ne va pas tenir une correspondance. Tu es trop vieille, laisse-moi tranquille la cougar, j'ai quelqu'un dans ma vie, offre des bols aux vieux de ton âge, désolée Camille, mais je vais me marier, désolée Camille, mais ton mari t'a laissée trop tard. À ce propos, j'aimais bien dire aux amies qui se faisaient lourder à 40 ans que c'était une chance, parce qu'après 50, ça va être plus difficile de retrouver quelqu'un. Cela dit, Laurent est tombé amoureux d'une plus vieille que lui. Ebba a 54 ans. Je crois que c'est ce qui a fini de m'achever. Il ne part pas pour une plus jeune. Mais comme me l'a dit Sophie, ça me laisse de l'espoir.

*

Si ça se trouve, il est à l'hôpital et c'est pour ça qu'il n'a pas réagi mieux que ça. Il a perdu quelqu'un de cher et il n'est pas d'humeur à badiner. Une fois sur la terrasse, je dilue encore le temps. Je réponds à Marine qui demande si elle et son mari pourraient arriver la veille. S'ils font tous ça, ce n'est plus une soirée et un brunch, c'est un pont de trois jours. Je vérifie sur le fichier Excel, Marine et Jean-Marie sont logés au Mas des moules. Je fais suivre à Christophe en demandant si je peux répondre aux deux prénoms incestueux que j'organise l'anniversaire de leur amie Bianca et non le week-end des amis de Bianca. J'atténue mon propos en proposant une réponse diététique du genre *Chère Marine, Christophe prenant en charge la nuit de samedi à dimanche, je vous propose de voir directement avec le Mas des moules pour une nuit supplémentaire*. Et une émoticône tête qui sourit avant le point. Maintenant, je peux ouvrir mon cadeau. Mais la réponse de Christophe apparaît. *Parfait ma Caca. Au pire, ils trouveront ailleurs : personne ne se marie au mois de mai dans une région aussi catho.*

Je me suis mariée au mois de mai. Au grand dam de ma grand-mère maternelle qui pensait que ça portait malheur. Elle avait proféré, « C'est le mois de Marie ! », sans autre explication. J'avais levé les yeux au ciel et posé les choses logiquement : je ne crois pas en Dieu, je ne crois pas en la Vierge chérie, la Vierge Marie. Une amie à qui je racontais la sortie de la Circé tyrannique avait surenchéri en dégainant l'adage roumain « Mariages de mai ne fleurissent jamais». J'avais rétorqué que si je commençais à prendre en compte toutes les âneries de chaque pays, je n'avais pas le cul sorti des ronces. Déjà que je ne voulais pas me marier. J'avais peur que ça nous porte malheur parce que tout allait bien jusque-là. Une espèce de superstition à l'envers. Mais on vivait dangereusement: j'avais arrêté de travailler, le mariage me protégerait avaient assuré mère et belle-mère, avec preuves à l'appui, pension de réversion, etc. Tout était de surcroît plus simple au plan administratif. J'avais fini par concéder que, finalement, le plus grand engagement n'était pas de se marier puisqu'on pouvait divorcer, mais de faire des enfants, et ça, c'était déjà fait. Côté péché, on avait commis pire que se marier en mai, on s'était reproduits en dehors des liens sacrés du mariage. Mon amie avait articulé «ROMAIN et pas roumain», le mois de mai pour les Romains était le mois des morts. Je m'étais penchée sur cette malédiction et j'avais pu lire qu'elle portait, comme par hasard, sur la mariée, qui, se mariant un mois de mai, risquait carrément d'y rester. On s'en était pas mal tiré finalement. À ma connaissance, aucune malédiction ne pèse sur les mois de fêtes d'anniversaire.

*

Je cherche sur Internet des couples avec une grande différence d'âge. Je tombe sur un site aux titres aguicheurs. *Peut-on s'aimer quand on a vingt ans d'écart?* On nous y propose un point de vue objectif sur la question. J'apprends qu'aimer un homme plus vieux de vingt ans, c'est prendre le risque de ne pas profiter beaucoup de la relation. Ensuite, il faut supporter les préjugés. On pourrait par exemple me soupçonner de vouloir toucher l'héritage. *Quant aux femmes qui aiment les hommes plus âgés, beaucoup disent qu'elles sont surtout à la recherche d'un père*. La conclusion est rassurante et favorable à une relation avec un aîné, à condition de faire preuve de bienveillance, de patience, de passion et de maturité, parce qu'en fait *l'âge constitue seulement des chiffres*. Je regarde l'escalier central et j'imagine André assis dans un monte-escalier.

À la fin de la page, je me laisse convaincre par une accroche prometteuse : *Les 9 astuces pour séduire un homme de plus de 50 ans*. L'astuce 1 est de prendre soin de notre apparence, parce qu'une femme *à l'air négligé ferait certainement fuir la plupart des hommes*. L'astuce numéro 4 est de le complimenter. Que tu as de belles dents neuves, que tu as de grandes oreilles avec des poils soyeux… Oui parce que nombreux sont les hommes qui perdent confiance en eux après 50 ans. Les rides, la force physique qui diminue, les cheveux blancs tout ça… Pauvres bichons. *Pour ce faire, vous pouvez par exemple glisser subtilement quelques compliments dans les conversations de temps à autre. En bref, prouvez-lui que vous pouvez être la femme qui facilitera et embellira tous les aspects de sa vie*. L'ultime conclusion est rassurante : *en gardant cela en tête, votre homme sera séduit et vivra heureux à vos côtés*. Je me demande si on ne parle pas de l'adoption d'un chien sorti de la SPA.

*

Down the rabbit hole, je tombe sur une étude menée pendant quatre ans par l'université d'Amparh sur 3 000 couples. Selon elle, la différence d'âge idéale dans un couple serait de 11 ans, 5 mois et 1 jour (si c'est l'homme le plus âgé) et de 11 ans, 2 mois et 10 jours (si c'est la femme la plus âgée). Pour une fois, je bénis l'algorithme.

*

Christophe a sauvé la truie. Il rentre après-demain.

*

Toscane s'est endormie sur mes pieds. Je prends une grande respiration et j'ouvre les messages d'Antoine :

Samedi, je fête mon anniversaire.

Vous êtes les bienvenues toi et la beluga !

*

Blanche comme un petit béluga, je m'immerge comme si la Manche était de l'eau bénite. Comme si ça pouvait être un bain de jouvence. J'ai envie d'aller à l'anniversaire d'Antoine, mais je me dis que je serai la plus vieille. « Bienvenues », ce n'est pas une déclaration. Bienvenue, c'est un message crétin sur un paillasson. Par ailleurs, c'est une invitation tardive. Toscane court vers l'escalier qui monte à la maison. C'est André qui arrive dans son caleçon de bain Vilebrequin 1970 à 250 boules. La marque qui se targue non seulement d'avoir inventé l'élégance des vacances, mais aussi de transmettre une certaine idée du plaisir. Je suis heureuse qu'il me rejoigne. Bienvenue, ce n'est pas « attendue », c'est encore moins « espérée ». Et ce n'est pas du tout « désirée ». Je pourrais rouler une pelle sauvage et salée à André pour me consoler. Il s'approche et m'annonce que ce soir, c'est maquereaux.

*

J'ai l'impression que le poisson me fixe de son œil torve et globuleux. C'est très beau un maquereau, je ne sais pas pourquoi j'imaginais un poisson très laid. La peau de son dos a des reflets zébrés bleu-gris métalliques, qui contrastent avec son ventre blanc. Ma grand-mère avait des groseilles à maquereau dans son jardin. J'adorais ça, j'adorais les fruits plus que ma grand-mère. Si j'étais Nouffe, je parlerais des groseilles à maquereau comme de ma madeleine de Proust. J'éluderais qu'elle me rappelait que, toute petite, on aurait pu me faire rouler dans les champs tant j'étais grassouillette. Je ne dirais pas que ma grand-mère n'a pas voulu être enterrée avec mon grand-père. Je ne parlerais que du positif. Des œufs de la ferme bien chauds que j'allais chercher au poulailler. Des gros clous plantés dans le tronc du chêne pour y faire un escalier et mon grand-père qui nous explique qu'il ne faut pas faire ça parce que ça fait mal à l'arbre. Je leur ferais un message d'amour à chaque anniversaire de leur mort même si je n'ai aucune idée ni du jour ni de l'année. J'inventerais des transmissions autres que celles de se méfier des inconnus et de croire que le pire est toujours à venir. Je pourrais parler de jardin doré, de chèvrefeuilles odorants et de vaches qui me faisaient peur. On trouverait l'évocation tellement mignonne, touchante. Je ne dirais pas que, chez mes grands-parents, il n'y avait pas de canapé. On regardait le poste de télévision sur une chaise, depuis la table de la cuisine. On ne regardait que le journal de France 3, le régional. Ma grand-mère voulait nous gaver et mon grand-père lui demandait de nous ficher la paix. Parfois, s'il était en colère, il disait d'une voix qui devenait de plus en plus forte « nom de Dieu de nom de Dieu de nom de Dieu ». Je n'ai plus aucun souvenir des sources de colère de Maurice. J'ai revu il y a peu un entretien de 1982 avec Marguerite Yourcenar, rediffusé dans une émission littéraire. La femme de lettres à la noblesse belge y explique qu'il ne faut détruire ni les animaux ni les êtres. Et le journaliste de s'émouvoir de sa conscience, de son engagement à l'époque. 1982 ! Rendez-vous compte ! Un intellectuel sur le plateau dit que ce sont les écrivains qui ont toujours rappelé ce rapport au vivant parce qu'ils touchent les choses de manière plus lente que les autres. Mon paysan de grand-père aussi en 1982 disait qu'il fallait la respecter la nature. Mais depuis son hameau bourguignon, personne ne lui tendait le micro ou le crayon. Je l'aimais beaucoup. Je n'ai rien gardé de lui. Il n'est pas mort dans sa maison, comme il aurait aimé. Il est mort dans un hôpital. C'est la seule personne qui m'a fait mettre les pieds dans une église pour un enterrement. Longtemps, il m'a fait des chatouilles à l'oreille lorsque nous étions à table. Longtemps je lui ai fait croire que je me demandais qui me faisait des chatouilles. Mon grand-père Maurice ressemblait à Michel Galabru, l'accent en moins. Plus il a vieilli, plus il est devenu silencieux. Il continuait à nous prendre le gras que nous laissions au bord de notre assiette. Il ne nous disputait pas, il ne nous faisait pas la morale, il ne nous disait pas qu'il avait bouffé des patates crues pendant la guerre, lorsqu'il était prisonnier en Allemagne. Il formulait juste que ça nous boucherait pas le trou du cul avec un sourire en coin. Lorsque nous arrivions, il était assis sur une chaise en haut d'un escalier, loin de l'habitation, côté ferme, là où il avait son établi pour réparer des clôtures et son tracteur. Il scrutait l'horizon avec sa canne droite comme un I. On aurait dit un sage. Ma mère nous a confié plus tard qu'il matait la voisine, une hippie venue s'installer en Bourgogne qui avait tendance à vivre à poil. Si j'étais Nouffe, je ne dévoilerais pas cette version-là. Si j'étais Naffe, je confierais que je regrette tellement de ne pas avoir fait parler mon grand-père et de ne pas avoir fait taire ma grand-mère. Mon grand-père est mort sans avoir connu Instagram, Meta, TikTok, Twitter et sans avoir connu mes filles. Ma mère lui apportait des pâtes de fruits et des éclairs au chocolat sur son lit d'hôpital. C'était difficile de lui faire plaisir, restait le sucre. Il n'avait plus beaucoup de dents, il fallait du mou. Il demandait quand il allait rentrer. Personne n'osait lui répondre « jamais ».

J'ai regardé les maquereaux griller. J'ai pensé à ces animaux que l'on tue sans une once de remords. Surtout lorsqu'il s'agit d'animaux silencieux. Si une fourmi hurlait à la mort lorsque nous l'écrasions, ça nous déchirerait le cœur. Pareil pour l'araignée. Bien sûr la taille y fait. C'est aussi parce que ce sont des animaux minuscules. Ou parce qu'on ne croise pas leur regard. Du coup, on les fait parler dans les fables ou les histoires pour enfants. Toscane me sort de mes pensées en me sautant dessus avec sa balle. C'est une ronde vertueuse. J'aime que Toscane m'aime, j'aime Toscane qui aime son maître qui aime que sa chienne m'aime. Toscane est notre médiatrice. Je me sens reposée avec André. J'y vois le signe d'une espèce d'amitié qui ressource. La condition de l'amitié est sa réciprocité, contrairement à l'amour. Céline Dion, avant traitements de dentisterie, s'est posé la question *d'amour ou d'amitié*. Les dents blanches et alignées, elle a choisi l'amour avec René, qui avait le double de son âge.

J'annonce à André que je vais partir samedi et non dimanche. L'anniversaire surprise est prêt, il l'était d'ailleurs sans moi.

– Vous n'aviez pas vraiment besoin de moi, tu en conviens ? C'était un emploi fictif ?

– Ah ah. Je ne dirais pas ça. D'ailleurs, si ça peut te rassurer, il y a une dernière chose à faire, ce serait d'aller chez la fleuriste pour passer commande de la décoration de table.

– Bien sûr.

– Tu étais sincèrement la bienvenue Camille et tu le seras toujours. Je te garde ta chambre pour la fête de Bianca. Profite, tu es jeune. Je ne voudrais pas jouer le vieux sage, mais crois-moi, tout passe.

– Tu as été veuf à quel âge ?

– 52 ans.

*

Le cabanon regorge de vélos, transats, parasols, raquettes de plage, seaux et pelles. Il y a même un vieux Jokari abandonné dans un coin. André me présente un vélo qui pourrait me convenir. Il me dit d'essayer. Il ajuste la selle et commence à regonfler les pneus après avoir testé les freins. Je le regarde faire sans dire un mot. Je me revois appeler mes parents depuis la cour où je m'essayais à lâcher les mains sur mon vélo blanc. Je voulais qu'ils assistent à ma victoire. C'est ma chute qu'ils avaient contemplée. André me tend un casque. Je fais la moue. Nous ressortons du cabanon. Il propose une balade sur la plage. La lune est pleine. Les phares rouges et verts se répondent à l'entrée du port. Toscane va et vient sur le sable sec. Nous ne parlons pas. Sa sœur est en soins palliatifs. C'est une question de jours. Toscane nous fait regarder dans la même direction. On lui envoie sa balle. Elle la rapporte pleine de joie.

– Un chien, tu vois, c'est l'instant présent. Un chien, ça ne rumine pas, ça ne projette pas.

– Un chien, ça ramène inlassablement la balle, comme Instagram, comme un Jokari.

– Comme un Jokari ?
– Pardon, c'est nul comme image.
– Bianca adorait jouer au Jokari quand elle était môme.
– On pourrait faire un tournoi pour son anniversaire !
– C'est une excellente idée. Tournoi de Jokari sur la plage !
– Tu crois que tu aurais une photo de Bianca en train d'y jouer ?
– Je devrais pouvoir trouver ça. Tu vois ? Ce n'était pas un emploi fictif, dit-il, le sourire aux lèvres.
Je relance la balle à Toscane. Les vagues applaudissent.
Nous rentrons sous la lumière de la pleine lune dont les experts bien-être, une source généralement sûre, disent qu'elle libère des énergies négatives. La pleine lune serait propice à la réalisation de nos souhaits les plus chers.

*

Je suis une élue ayant perdu son mandat et pour qui on a mis en place une espèce de solidarité partisane en attendant des jours meilleurs.

*

Merci, nous serons là, bonne nuit Antoine. Je respecte la neutralité. Jokari suisse. Deux minutes plus tard, je vais voir s'il a lu. Oui, et il est même en train d'écrire. Je sors vite de la messagerie le cœur comme un élastique tendu. Je mets mon téléphone en mode non silencieux, le repose et vais me brosser les dents. Mais je n'entends rien. Pas de petit Ding. Je me dis qu'il écrit longuement, c'est pour ça. Puis je me ravise, je retourne voir, il n'est plus en train d'écrire. La mention « vu il y a 5 min » est affichée. C'est peut-être une bonne nouvelle. Il se retient. Qui a dit « un homme ça se retient ? » C'est pour ne pas montrer son empressement. Je pense ça et aussitôt son contraire, il a été interrompu par sa vraie amoureuse excitée par les énergies de la pleine lune. Ou si ça se trouve, il se dit que le mieux pour me décourager est de ne plus répondre. Il regrette peut-être son invitation. Mais alors, il n'aurait pas ouvert le message si vite. Ou bien, il l'a ouvert par erreur, il aura fait une fausse manipe. Je regarde Toscane endormie sur le lit et je l'envie. Les animaux ne s'emmerdent pas avec des téléphones, des messageries et des pensées interlopes.

*

La phrase, c'est « un homme ça s'empêche » et elle est de Camus.

*

Comment va ton Feu ? me demande-t-on dans une publication qui cite Jésus : *On n'allume pas la Lumière pour la mettre sous le boisseau !* J'y vais par curiosité, par cynisme, par désarroi, par désœuvrement… Ielle appartient à la Chevalerie Spirituelle, qui pratique « l'impeccabilité ». Si je comprends bien, ça consiste à savoir doser son énergie pour ne jamais avoir à puiser dans celle d'autrui ni se retrouver en manque.

*

Il aurait pu répondre, chic, chouette, hâte, envoyer le code de la porte, préciser l'étage, l'adresse si ce n'est pas chez lui que se fête son anniversaire. Il aurait pu répondre bonne nuit Camille.

*

Il dit Madame, elle dit Monsieur. Et madame et monsieur sont devenus un jeu entre eux qui crée une intimité folle. Ils pensent que ça leur suffira, que ça n'ira pas plus loin. Ensuite, ils disent Bonne nuit Ebba, bonne nuit Laurent. Ils ont l'impression que l'autre est tout à côté dans le lit. Le prénom, après la fausse distance du Monsieur Madame, est bouleversant. Ils s'endorment avec cette phrase sans verbe, qui fait l'ellipse de « je te souhaite ». Ils retardent le moment de s'écrire qu'ils s'embrassent. Ils commenceront par l'émoji qui envoie un cœur. Un émoji, ça dit moins que d'écrire le geste, l'attention, le baiser. Ça paraît inoffensif. Ils savent et en même temps, ils doutent en permanence. Ils scrutent le délai de lecture de leurs messages respectifs, le délai de réponse. Ils relisent les échanges du début pour s'en délecter ; comment ça a commencé ? Ils ont commencé par rire. Rien n'était sérieux. Tout était dérision. Et puis ils ont échangé une chanson qu'il aimait tellement lui aussi. Ils avaient la même référence. S'inquiéter d'une non-réponse. Vu il y a 16 min. Ne jamais échanger en direct. Attendre. L'échange en direct serait risqué parce qu'on ne ferait pas assez attention à ce qu'on écrit. Pas d'abréviation, pas de mdr, ptdr, yolo ou jsp. Pas de gif. Pas de faute d'orthographe. Le spontané pourrait nuire au désir. Relire les échanges devient une habitude. Scruter ce qui aurait pu nous échapper. Vérifier ce qu'on a écrit. Regretter de l'avoir formulé ainsi. Ils ont peur de surinterpréter. Ils ont dit au début que ce serait « sympa » de boire un café à l'occasion. Mais ils n'en parlent plus de peur de rompre le charme. Ils savent que ça s'arrêterait s'ils se rencontraient en vrai. À l'oral, on ne peut pas corriger ce qu'on vient de dire. On ne peut pas laisser trente minutes de réflexion pour une réponse. Ils ne parlent pas de leurs enfants. Ils ne parlent pas de leurs conjoints. Ils prennent les petits chemins, ils adorent faire des détours. L'idée est de ne pas arriver. Ils vagabondent, ils badinent, ils baguenaudent, ils déraisonnent. Ils sont puérils. Ils sont des échappatoires l'un pour l'autre. Elle est touchée qu'il ait répondu. Pas pour se débarrasser. Il n'a pas juste fait *ah ah*. Il a envoyé un message drôle. Est-ce que jouer, c'est séduire ? Est-ce que ça ne peut pas simplement consister à retrouver le bonheur de jouer avec une personne dont on ne connaît pas les réactions. Le bonheur d'être surprise et celui de surprendre. Les mots du quotidien envoyés puis lus deviennent des fruits. Jouer à prendre un autre angle, être suivi dans notre absurde. Déjouer le réel et le quotidien. Avoir un endroit de repli où l'on est à l'abri des contingences. C'est délicieux. Se laisser le temps de trouver une réponse qui n'arrête pas le jeu. Maintenir le lien absurde de l'absurde. Le piège, c'est d'en vouloir plus. Les échanges ne peuvent pas rester en l'état. Ils lassent ou ils évoluent. Il faudra bien que l'un des deux prenne le risque à un moment donné. Il a peur de lui faire peur. S'il s'écoutait, il lui écrirait tout le temps. Il se retient. Elle s'empêche. Une femme aussi ça s'empêche. Elle ne sait pas si c'est pareil pour lui. Aucun ne propose de s'appeler. Bien trop risqué. On espère qu'il y aura matière à relancer, à répondre. Et puis un jour, il conclut par un bon week-end ou pire bonne semaine. C'est la fin. Il n'y aura pas eu d'émoticône cœur, pas plus qu'une aubergine accolée à un donut.

*

André, lorsque nous nous sommes dit bonne nuit, a déploré qu'on n'ait pas fait de bateau. Je ne sais pas naviguer, je ne sais pas à quoi sert le foc, le safran, le point de drisse, j'ignore quand et comment empanner, virer de bord et quelle est la différence entre les deux. J'en ai fait une ou deux fois, on a déjà essayé de m'amariner merci, c'est peine perdue. Je n'aime pas la vitesse sur l'eau. Je n'aime pas imaginer la profondeur sous mes pieds. Je n'aime pas je n'aime pas je n'aime pas. Mais j'ai l'impression que dire que je n'aime pas, ça fait de moi une plouc. La pauvre, elle n'aime pas, mais c'est parce qu'elle ne sait pas. C'est terrible de se retrouver face à des gens qui font tout mieux que soi. Sauf André. Bien au contraire, ça le rend rassurant et séduisant.

*

Je regarde la mer depuis le petit balcon pour l'avant-dernière fois. Quand je reviendrai, ce ne sera pas pareil, la maison sera pleine de convives, André sera le père de Bianca et le compagnon de Laure. Nous, on n'allait pas à la mer, destination trop chère. Pour nous faire plaisir, ma mère nous a emmenés une fois, une semaine dans le Sud, dans un camping où des connaissances lui avaient loué ou prêté une espèce de camping-car resté sur place. Je me souviens qu'on avait lié connaissance avec des Hollandais qui n'avaient pas d'enfants et devaient nous trouver attachants. Ma mère m'avait fait honte en me caressant les cheveux devant un garçon allemand que je trouvais très beau. On allait à la plage du camping. Ma mère mettait à peine les pieds dans l'eau, mon père qui, lui, savait nager, était déjà mort. Sinon, on allait en vacances chez mes grands-parents maternels. Il y avait de gros édredons sur les lits. Des briques chaudes pour les chauffer l'hiver. On faisait du tracteur avec mon grand-père. Je me souviens que j'avais peur. On s'ennuyait aussi. Mes grands-parents n'étaient pas pédagogues. C'est dommage. Ma grand-mère connaissait la plante à frotter à l'endroit que les orties avaient piqué. On essayait d'attraper des têtards dans une mare au fond d'un pré. On pouvait disparaître longtemps sans que personne s'inquiète. Le village n'était pas passant. Tout le monde se connaissait. Et surtout, il n'y avait à peu près que des vieux. On ne rencontrait personne à part des vaches et leurs bouses séchées. Ma grand-mère avait une collection de magazines de vieilles dont j'ai oublié le nom. Elle s'endormait parfois sur la table de la cuisine. Mon grand-père aussi. À Noël, on leur offrait une grosse boîte de chocolats de supermarché, mais de marque quand même. La plus grande avec un paysage de Noël dessiné sur le dessus. On n'allait pas à la pâtisserie. On prenait la marque Lindt. On trouvait ça chic et mes grands-parents étaient contents.

*

« Je suis de ceux qui pensent que dans cinquante ans la fortune consistera à pouvoir s'offrir la vie du paysan aisé du début du XXe siècle, à bien des égards, c'est-à-dire de l'espace autour de soi, de l'air pur, des œufs frais, des poules élevées avec du grain, etc. »

Georges Pompidou, interview à *Réalités*, 14 avril 1970

*

J'ai rappelé Judith qui m'avait laissé un message. Alors que je suce une Nicorette, elle me dit qu'elle n'essaie même plus « l'arrêt du tabac, la vie saine, tout ça... » Judith est une copine d'enfance que je ne vois pas assez. Elle boit, elle fume, elle mange de la viande, elle en profite parce qu'on ne sait pas combien de temps ça durera. Le problème réside effectivement bien dans le « combien de temps », la fameuse peau de chagrin, épargner sa vie ou la brûler par les deux bouts. En vieillissant, le dilemme devient omniprésent. Lorsqu'on est jeune, on ne se pose pas la question. On n'en a rien à foutre à 20 ans de ses futures rides, de son cholestérol ou d'un probable AVC. D'ailleurs, selon moi, si on est normalement constitué, à l'âge de 20 ans, on n'en a aussi rien à foutre du régime de retraite. Quand je regarde les événements passés, je me fais toujours la réflexion de ce qu'on ne savait pas au moment du « cheese » à 20 ans :

– que je ne me sentirais pas plus adulte à 50

– que je perdrai deux bonnets de soutien-gorge – joie

– que je vivrai en couple aussi longtemps

– où était l'Ukraine

– que les choses sont toujours plus complexes qu'on veut bien le croire

– que chacun a ses raisons

– que ma mère était une putain d'héroïne

– que mon père aussi

– que cette salope de P me piquerait mon mec

– que mon mec me laisserait pour cette salope de P

– que la vie est bien faite, parce que j'allais rencontrer Laurent

– que quoi que je fasse je me sentirais illégitime

– comment fonctionnait le système des retraites

– que 20 ans, on a beau dire, c'est quand même le bel âge, si ce n'est pas le plus bel âge, à moins que « la jeunesse, on en a[it] envie lorsqu'elle est passée » comme l'a dit Henri Calet.

– qu'Henri Calet serait une merveille absolue à découvrir

– qu'on ne change pas

– que je n'écouterais plus France Inter
– que j'aurais plaisir à écouter France Culture
– Oui mais alors on change ?
– Non, mais on a des variables d'ajustement concernant les goûts et les apprentissages

*

Paul Valéry, avant Camus, a parlé de retenue. « Les Pas ». Ce poème, je me promets régulièrement que je l'apprendrai par cœur tellement je l'aime et puis je ne le fais pas. « L'attente de l'amour ou de la mort ? » avait questionné le prof de littérature en première année de fac de lettres modernes. André dirait sans doute la mort. Et moi l'amour. Paul Valéry écrivait des lettres à sa fille Agathe, dans lesquelles il l'appelait « ma chère petite porte-fesse », « bécasse de Cacatière », « ma chère Toutoune », « ma petite Cacahouette d'un sou », « ma petite Pallotina di Polastro », « ma chère Cocotte à la coque ». Mon père me donnait-il des petits noms hypocoristiques ? Je ne sais pas dire si mon père m'a manqué ou me manque. Un père oui. L'autre jour, j'ai croisé une femme qui finissait une conversation téléphonique en disant « ne t'inquiète pas papa ». J'ai imaginé qu'il était malade. Si ça se trouve, il va très bien son père, il avait juste un souci avec sa voiture ou avec son abonnement de portable ou avec la télécommande de son poste de télé.

*

Si, de tes lèvres avancées,
Tu prépares pour l'apaiser,
À l'habitant de mes pensées
La nourriture d'un baiser,

Ne hâte pas cet acte tendre,
Douceur d'être et de n'être pas,
Car j'ai vécu de vous attendre,
Et mon cœur n'était que vos pas.

*

Je m'endors en écoutant une émission sur France Culture dont l'invitée est l'artiste Sophie Calle.

Il est question de son rituel d'anniversaire auquel elle a fini par mettre fin en 1993, à l'âge de 40 ans.

« Le jour de mon anniversaire, je crains d'être oubliée. Dans le but de me délivrer de cette inquiétude, j'ai pris en 1980 la décision d'inviter tous les ans, le 9 octobre si possible, un nombre de convives équivalant à mon nombre d'années. Parmi eux, un inconnu que l'un des invités serait chargé de choisir. Je n'ai pas utilisé les cadeaux reçus à ces occasions. Je les ai conservés, afin de garder à portée de main les preuves d'affection qu'ils constituaient. »

Dans son livre, *Le Rituel d'anniversaire*, elle liste et photographie par année les cadeaux reçus. À la fin de chaque liste, des remarques : par exemple, le nombre d'absents, le nombre de personnes venues les mains vides ou la mention que des convives ont fait des cadeaux communs. Parfois, elle précise qu'elle a dérogé à sa propre règle du jeu, l'anniversaire s'est déroulé à New York, le repas a eu lieu à San Francisco, à 12 et sans inconnu, à une autre date que le 9 octobre.

Je ne comprends pas. Je ne vois pas la poésie. Je ne vois pas d'art ni de subversion.

*

Instagram, c'est du Sophie Calle à la petite semaine. On se rêve artistes et reconnus. On est son propre fonds. On documente ses propres souvenirs. On y organise des expositions pour lesquelles on est conservateur, scénographe et commissaire. De son vivant, en direct, un musée à soi, sur soi, dont on conduit soi-même les visites commentées. Tout est communication. Tout est exposition. Tout est mise en valeur. Entrée gratuite. Ça tombe bien, on est tellement de gauche. Quand on mourra, on trouvera peut-être un QR code sur le coin de notre tombe, qu'il suffira de scanner pour avoir accès à nos comptes Insta. La tombe Insta.

Vendredi 30 avril
Journée internationale du jazz

Et mon cœur n'était que vos DING. J'ai un nouveau message.

Ma fille m'envoie une adorable vidéo de chiots teckels à poil dur avec la prescription d'en prendre un. J'en profite pour vérifier si Antoine a lu mon dernier message. Non, et c'est la plus belle non-consultation de message qu'on pouvait me faire. Tant qu'il n'a pas lu, le meilleur est à espérer. André m'a laissé un petit mot avec l'adresse de la fleuriste et une tête formée par un croissant qui fait la bouche et deux fraises qui font les yeux. Je prends une photo. André, cet homme merveilleux qui n'est ni mon père ni mon amant.

*

Je m'habille et je saute sur le vélo direction la fleuriste. Je dois avoir l'air d'un champignon avec mon casque. Encore une reconversion de cadre sup en artisane. L'inverse est rarement vrai. Violette est charmante avec son teint frais et ses pommettes roses de Sarah Kay. La tarte aux fleurs avec son prénom évocateur et prémonitoire connaît les goûts de son amie de Hobbie 4. Elle et Bianca ont fait les mêmes stages de voile et la même prépa. Je la laisse évoquer les doux souvenirs. Une fois de plus, je n'ai rien à faire, sinon confirmer la date de l'anniversaire. Elle me montre les bouquets qu'elle projette de faire. C'est très beau, dans un esprit sauvage de bord de mer. Elle livrera le matin avec son triporteur électrique joliment estampillé *Violette·s*. Bianca sera partie en mer avec son papa. Si le vent ne le permet pas, ils feront du surf ou boiront un thé chez une amie, ce ne sera pas un problème de l'éloigner. Je repars le cœur léger en direction du caviste. Le monsieur a de la vodka Beluga bien sûr. Il en a même plusieurs. Je choisis la Beluga Celebration au nez épicé et aux notes de pain grillé, rond et doux en bouche. Je demande un paquet-cadeau. Après avoir payé, je reviens sur mes pas, je pourrais aussi faire un cadeau à André. C'est compliqué d'offrir un cadeau à quelqu'un qui a tout et qui peut tout s'offrir. Je regarde les étiquettes de vin à la recherche d'un nom évocateur de je ne sais pas quoi. Le marketing use de jeux de mots et d'illustrations qui n'ont plus rien à voir avec l'esquisse d'un domaine ou d'une vigne. Je ne suis convaincue par rien. Je me dirige vers la Maison de la presse. Les couvertures de magazines montrent toutes une Jeanne Bardot jeune et sublime. Des Sudoku au slogan *C'est bon de jouer!* Je me demande bien qui en réalise les couvertures atroces. Et pourquoi un raton laveur déguisé en samouraï? Les mots fléchés affichent plutôt des photos de femmes en maillot de bain. On ne voit pas trop le rapport à moins que l'idée soit de proposer une suggestion de mise en situation. Faire des mots fléchés serait une activité de bord de piscine ou bord de mer. Il y a les mots fléchés 100 % passion, les mots fléchés *happy*, les mots fléchés méga relax, les mots fléchés évasion. Trop laid et mauvais message. Je persévère et rentre dans le Carrefour City. Au rayon jeux, je trouve une petite boîte de Playmobil contenant deux garçonnets, un noir, un blanc, deux laisses, un bâton, un chihuahua, un dalmatien, un chiot dalmatien, un teckel poil dur, une valisette, un chapeau, un frisbee, un sac en bandoulière. C'est parfait.

Je m'arrête à l'église. Elle est vide. Je m'assois sur le premier banc devant. Mon casque de vélo et mes courses à mes pieds. Des cierges sont allumés. Je me demande bien quels vœux y sont associés. Je frissonne entre les murs silencieux qui recueillent prières et sermons. Je n'ai pas de monnaie pour acheter mes souhaits. L'église de Saint-Astre n'est pas encore équipée du don par carte bancaire. Ici, pas de tronc connecté. Le curé y viendra sans doute. J'ai lu que les oboles payées par carte bleue au cours de la quête sont bien plus importantes que celles versées en monnaie trébuchante venue du fond de la poche. Je regarde la reproduction de la Vierge Marie et je m'adresse directement à elle. Je fais le souhait que mes filles continuent leur vie sereinement et celui de ne plus avoir peur de rien. Mon téléphone vibre. Marie m'a entendue. Elle me répond en 4G. Je crois au miracle en découvrant un message d'Antoine qui me rappelle son adresse et l'heure à laquelle commence la fête. Il termine en écrivant *vivement*. Dans un deuxième message que je lis en direct *tu seras mon cadeau*. Je regarde autour de moi. Personne pour se dire que j'ai vu la Vierge.

*

Il y a des messages porteurs de paradis.

*

Après quelques minutes à remercier je ne sais qui, je file récupérer mon vélo et je rentre sous un ciel changeant. Je défais la boîte de Playmobil. Je ne garde que la figurine au teint blanc et le teckel. Je façonne un petit paquet avec une couverture de magazine trouvée dans la panière près de la cheminée du salon. Je prépare ma valise, la porte-fenêtre ouverte sur la pluie. Le décor est gris et liquide, mais mon cœur est bleu.

*

André ne transige pas. Nous ferons ce dernier bain sous la pluie. Je ne peux pas me défiler. Je crois l'entendre dire qu'il ne faut pas avoir peur, mais je n'en suis pas certaine avec le vent qui souffle. Je crois que je pourrais suivre André partout. Je crois surtout que je suis une suiveuse et que seule, je ne suis rien. Quand Laurent est parti, je suis restée dans notre appartement six mois sans rien décider pour moi, à rêver qu'il revienne me chercher comme dans la chanson de Bécaud, « Je reviens te chercher ». Les filles en Erasmus, mon mari en Erosmus. Christophe m'a sortie de ma torpeur en me faisant venir ici. Il ne manque que la touffeur pour me croire dans la publicité adorée de mon adolescence. Celle du Tahiti douche qui ringardisait la baignoire, le savon et le gant de toilette et qui contenait « du paradis ». Je porte toujours le maillot de bain une pièce noir, mais je me sens comme les mannequins aux seins nus et bronzés qui se caressaient le haut du corps avec de la mousse au monoï sous une pluie exotique. Je rentre dans l'eau comme une locale. Enfin, jusqu'aux chevilles. La Manche me rappelle à l'ordre. Je n'ai pas peur, j'ai froid. S'il n'était pas aussi bronzé, ce type serait un béluga. Je nage tant bien que mal, chahutée par les vagues qui me giflent, puis me couvrent de baisers moussants. Je n'ai plus pied et je commence à paniquer en ne voyant plus André. Je fais du surplace en scrutant la surface de l'eau et finis par découvrir qu'il arrive par la droite en même temps qu'un rayon de soleil. Les mouettes menacent ou ricanent. André s'approche et me dit qu'on a bien mérité un 30 ans d'âge.

*

Le lendemain matin, je me réveille en gueule de bois. Le whisky que l'on méritait hier semble me punir aujourd'hui. Je découvre un mot dans la cuisine. L'hôpital a appelé à l'heure où blanchit la campagne, André est parti revoir une dernière fois sa sœur. Il est désolé de ne pouvoir m'emmener à la gare. Une petite carte de visite de Taxi Saint-Astre est posée à côté. Il m'embrasse et se réjouit de me revoir pour l'anniversaire de Bianca. Lorsque je prends le mot dans mes mains, une photo vole sur le sol. C'est Bianca enfant qui joue au Jokari avec André beau comme un papa poule. Je prends en photo la photo. Je range son mot avec les autres en souvenir et je me prépare au départ. Je pose les clés et mon cadeau pour lui. Je m'attable et je sèche. Rien ne vient. Comment dire au revoir dans ces conditions ? Je me sens ridicule avec mon Playmobil à la con. Toscane m'interroge du regard. Je ne sais pas quoi lui répondre. Je commande le taxi en attendant l'inspiration. J'ai le temps de faire une courte balade sur la plage. À chaque pas sur le sable, je recommence depuis Mon cher André. Merci pour la mer. Toscane va et vient devant moi. L'heure venue, je remonte l'escalier métallique, ferme le portillon, me rince les pieds, jette un dernier coup d'œil à la Manche et quitte la chambre de convalescence. Je ferme la porte après avoir laissé ma lettre à André et embrassé tendrement Toscane. Nicorette.

Dans le taxi, je reçois un message de Christophe qui me dit qu'il arrive avec Bianca pour aider André à organiser l'enterrement de sa tante. Je lui envoie en retour une photo de ma médaille de saint Christophe et remercie pour l'odyssée et l'auguste patronage. Je ne rentre pas à Copenhague, je vais rester chez Sophie à Paris en attendant l'anniversaire de Bianca. Je passe de la messagerie au flux des comptes de Nif qui joue de nouveau le défenseur de la province en parlant des Ehpad et des aides-soignantes. Ça s'indigne, ça remercie de prendre la parole. La notoriété est une caisse de résonance. Nouffe, en petite prostituée d'Insta, fait la retape sur sa soirée magique exhibant violemment bonheur et satisfaction de soi. Bianca n'a encore rien partagé de la mort de sa tante sur son compte. Je change la photo du compte *50 whishes* pour la remplacer par Bianca et le Jokari. Le recadrage automatique fait qu'André est exclu de la forme arrondie.

Je garde mon téléphone et relis les échanges avec Antoine. Suis imbibée d'un Single Malt 1989. Le ciel bleu et le soleil jaune ressemblent à un dessin d'enfant. Je lis et relis. J'ai l'impression tout à la fois de les connaître par cœur et de les redécouvrir. Comme faire des bulles successives et différentes à partir du même chewing-gum remâché. Avec le risque de n'y avoir rien et d'y trouver tout.

*

Version simple du monde :
Le lieu où nous nous trouvons.
Version mieux ajustée :
Le lieu que nous laissons.
Version améliorée :
Le lieu où chercher un autre monde.
Roberto Juarroz, *Poésie verticale*

De la même autrice

La Fille que ma mère imaginait, Les Avrils, 2021 ; Pocket, 2022.

Les Avrils, une collection imaginée par
Sandrine Thévenet et Lola Nicolle.

Enthousiasmes littéraires

Conception graphique : Atelier 25.
Composition : Nord Compo.
Correction : Sophie Loubier.
Coordination prépresse : Maude Sapin.

Déjà parus aux Avrils

Raphaël Alix
Le Premier Homme du monde
Protocole miracle

Isabelle Boissard
La Fille que ma mère imaginait

Lucile Bordes
Que faire de la beauté ?

Jeanne Broucq
Zéro virgule neuf pour cent

Didier Castino
Quand la ville tombe
Boxer comme Gratien

Guillaume Collet
Les Yeux de travers

Nicolas Delisle-L'Heureux
Un grand bruit de catastrophe

Martine Delvaux
Le monde est à toi
Pompières et Pyromanes

Arnaud Dudek
Le Cœur arrière

Martin Dumont
Tant qu'il reste des îles
Tempo

Dominique Fabre
Trois Passagers

Bertrand Guillot
L'Abolition des privilèges

Amandine Hamet
Les Couleurs

Driss C. Jaydane
Moïse de Casa

Bianca Joubert
L'Amérique n'est blanche qu'en hiver

Dimitri Kantcheloff
Supernova

Bill Kouélany
Kipiala ou la Rage d'être soi

Stéphanie Lamache
Objets, trajets

Alexandra Matine
Les Grandes Occasions
La Pire Amie du monde

Karim Miské
La Situation

Vidya Narine
Orchidéiste

Dan Nisand
Les Garçons de la cité-jardin

Lili Nyssen
L'Effet Titanic

Suzanne Privat
La Famille, itinéraires d'un secret
Toxiques

Johanne Rigoulot
Une fille de province

Isabelle Rodriguez
Les Orphelines du mont Luciole

Achevé d'imprimer par l'imprimerie Corlet,
à Condé-en-Normandie
ISBN : 978-2-38311-027-9
N° d'impression : 23120336
Dépôt légal : avril 2024